PERFIS DE CORAGEM

John F. Kennedy

PERFIS DE CORAGEM

Introdução por Caroline Kennedy

Prólogo de Robert F. Kennedy

Tradução de Roberto Muggiati

HarperCollins

Rio de Janeiro, 2017

Título original: Profiles in courage

Contato:
Rua da Quitanda, 86, sala 218 – Centro – 20091-005
Rio de Janeiro – RJ – Brasil
Tel.: (21) 3175-1030

CIP-BRASIL. CATALOGAÇÃO NA PUBLICAÇÃO
SINDICATO NACIONAL DOS EDITORES DE LIVROS, RJ

K43L

Kennedy, John F.
Perfis de coragem / John F. Kennedy ; tradução Roberto Muggiati. - 1. ed. - Rio de Janeiro : Harper Collins, 2017.
240 p. ; 23 cm.

Tradução de: Profiles in courage
ISBN 9788569809593

1. Kennedy, John F. (John Fitzgerald), 1917-1963. 2. Estados Unidos - Política e governo - História. I. Título.

16-31387 CDD: 973
CDU: 94(738)

18/03/2016 21/03/2016

Para minha mulher

Sumário

Introdução

Meu pai ensinou a todos nós que nunca se é velho ou novo demais para o serviço público. O desafio lançado pelo presidente Kennedy em sua cerimônia de posse — "Não pergunte o que seu país pode fazer por você, mas sim o que você pode fazer por seu país" — resumia sua vida e sua carreira, e continua tão verdadeiro hoje quanto há quarenta anos. Para mim, o legado de seu governo permanece vivo nos milhares de americanos que foram inspirados por ele e que se envolveram em suas comunidades, escolas, vizinhanças, fazendo parte do Movimento dos Direitos Civis e do Corpo da Paz. Os Estados Unidos foram transformados pela energia e pela dedicação de uma geração. Agora cabe a nós redefinir esse compromisso a cada época.

John F. Kennedy começou sua carreira no serviço público na Segunda Guerra Mundial, quando atuou como comandante de um barco torpedeiro PT no Pacífico Sul. Durante uma patrulha na noite de 2 de agosto de 1943, o PT-109 foi atacado por um contratorpedeiro japonês, o *Amagiri*, e explodiu, lançando os tripulantes na água escaldante. Dois deles morreram e um terceiro sofreu queimaduras tão graves que ficou impossibilitado de nadar. Agarrando com os dentes uma alça do colete salva-vidas do homem ferido, o tenente Kennedy levou o marinheiro até a ilha mais próxima, a quase cinco quilômetros de distância. Nos seis dias seguintes, com pouca água e comida disponíveis, os homens se esconderam, com medo de serem capturados pelos japoneses. Todas as noites, Kennedy nadava pelas águas infestadas de tubarões até as outras ilhas em busca de ajuda, até que dois salomônicos, Eroni Kumana e Biuku

Gasa, o avistaram. Kennedy entalhou uma mensagem em um coco e o entregou aos dois homens, que levaram a fruta para o esconderijo de um guarda costeiro australiano, que providenciou o resgate. No verão de 2002, uma expedição da National Geographic Society descobriu que a coragem lendária de John F. Kennedy nas longínquas Ilhas Salomão ainda perdura. Usando veículos comandados por controle remoto dotados de câmeras subaquáticas, o explorador Robert Ballard e sua equipe encontraram os destroços do PT-109. Membros da expedição também entraram em contato com Eroni Kumana, o homem cuja singela canoa salvou a vida de meu pai e mudou o curso da história, e seu filho, John F. Kennedy Kumana.

A bravura de meu pai lhe rendeu uma medalha da Marinha e dos Fuzileiros Navais "por conduta extremamente heroica" e um Purple Heart (Coração Púrpura) — uma das mais importantes condecorações militares dos EUA — por seus ferimentos. E também levou ao livro *Perfis de coragem*. A colisão com o contratorpedeiro japonês provocou-lhe uma ferida na coluna, que o obrigou a passar por uma cirurgia na virada de 1954-55. Eleito para o senado americano dois anos antes, meu pai estava interessado em compreender quais eram as qualidades que formavam um grande senador. História era sua paixão, e ele passou os meses de recuperação lendo as crônicas de seus lendários predecessores. Para meus pais, a história não era um assunto monótono e insosso, mas uma fonte constante de inspiração. Eles acreditavam que heróis realmente existem e que todos podem aprender com seus exemplos. Os heróis de meu pai eram homens e mulheres dispostos a arriscar suas carreiras para fazer o que era certo para o país. *Perfis de coragem*, publicado em 1956, narrava as histórias dessas pessoas.

Como senador e como presidente, tanto em questões domésticas quanto em internacionais, John F. Kennedy demonstrou um tipo similar de coragem. Em 1962, quando descobriu que os soviéticos estavam construindo bases de mísseis nucleares em Cuba, o presidente Kennedy resistiu ao clamor público por um ataque aéreo imediato e optou por uma via diplomática que evitou uma guerra nuclear de consequências catastróficas. Sua "dignidade sob pressão" e seu discernimento brilhante durante a Crise dos Mísseis Cubanos levaram a um novo capítulo nas relações entre a União Soviética e os Estados Unidos e tornaram possível a negociação do primeiro tratado banindo o teste de armas nucleares na atmosfera, debaixo d'água e no espaço sideral. Num discurso realizado após a crise, o presidente Kennedy falou sobre a paz:

> Não fechemos os olhos para nossas diferenças, mas voltemos também a atenção para nossos interesses comuns e para os meios pelos quais estas diferenças podem ser resolvidas. E se não pudermos acabar com as nossas diferenças, pelo menos podemos fazer do mundo um lugar seguro para a diversidade, pois, em última análise, nosso elo mais comum é que todos habitamos esse pequeno planeta. Todos respiramos o mesmo ar. Todos nos importamos com o futuro de nossos filhos. E todos somos mortais.

Em 1963, enquanto as cidades do Sul dos Estados Unidos ardiam sob a promessa sempre adiada dos direitos civis, e a polícia atacava com mangueiras e cães treinados os manifestantes que protestavam de maneira pacífica, o presidente Kennedy manteve o governo federal ao lado dos que buscavam a integração, pois essa era a coisa certa a ser feita. Num pronunciamento televisivo realizado na mesma noite em que mobilizou a Guarda Nacional do Alabama para garantir, sob ordem da corte federal, que dois alunos negros fossem admitidos pela Universidade do Alabama, Kennedy disse:

> Estamos essencialmente diante de uma questão moral, tão antiga quanto as Escrituras e tão clara quanto a Constituição americana. O cerne da questão é se todos os americanos devem receber direitos iguais e oportunidades iguais, se vamos tratar nossos compatriotas do modo como gostaríamos de ser tratados. Se um americano, por ter a pele negra, não pode almoçar num restaurante aberto ao público, se não pode colocar os filhos na melhor escola pública disponível, se não pode votar

> nos políticos que o representam, se, em suma, não pode desfrutar da vida completa e livre que todos almejamos, então quem de nós ficaria feliz em mudar de cor e se pôr em seu lugar? Quem de nós ficaria, então, satisfeito ao ser aconselhado a ser paciente?

No mesmo discurso, ele anunciou que enviaria ao Congresso uma legislação banindo a discriminação em todos os espaços públicos. Essa legislação se tornaria a Lei dos Direitos Civis de 1964, aprovada após sua morte. Tendo estudado história e compreendido a complexidade da coragem, meu pai compreendia também a simplicidade de sua força. Ele acreditava que contar as histórias daqueles que agem a partir de princípios, não importando o preço, poderia ajudar a inspirar as gerações futuras a seguir tais exemplos. Nossa nação precisa reconhecer a liderança, respeitá-la e exigi-la de nossos líderes. A vida e a carreira de John F. Kennedy inspiraram milhões de pessoas em todo o mundo e demonstraram quão verdadeira era a declaração de Andrew Jackson: "Um homem de coragem forma uma maioria".

Nossa família honrou o compromisso de meu pai com o serviço público ao valorizar esse compromisso em outras pessoas. Em 1989, criamos o Profile in Courage Award (Prêmio Perfis de Coragem), concedido anualmente a um político eleito que defende os ideais sobre os quais o país foi fundado, muitas vezes sob grande risco pessoal. Esses homens e mulheres, republicanos e democratas, servindo em âmbito local, estadual e nacional, são os herdeiros dos oito lendários senadores registrados neste livro. Nossa definição coletiva de coragem se expandiu desde que *Perfis de coragem* foi escrito — nos dias de hoje, homenageamos aqueles que têm a coragem de fazer concessões, bem como aqueles que seguem firmes até o fim.

A deputada Hilda Solis, que cresceu em uma das áreas mais poluídas dos Estados Unidos, liderou a luta pela criação da primeira lei ambiental do país quando era uma jovem senadora latina na Califórnia. Argumentando que fábricas produtoras de material tóxico e resíduos perigosos localizavam-se, em quantidade desproporcional, em vizinhanças de baixa renda habitadas por minorias, Solis conseguiu conquistar apoio para a lei histórica. Enfrentando uma forte oposição, cedendo quando precisava ceder, Solis trabalhou com líderes políticos e empresários para garantir a aprovação da legislação pioneira, que exigia que todas as comunidades fossem tratadas de maneira justa no que diz respeito ao desenvolvimento, à implementação e à aplicação de leis ambientais.

O deputado John Lewis recebeu um inédito Prêmio Perfis de Coragem pelas Conquistas de uma Vida em reconhecimento à sua trajetória de coragem moral. Pioneiro do Movimento dos Direitos Civis e um dos principais organizadores da Marcha sobre Washington, em 1963, Lewis arriscou sua vida muitas vezes durante as Viagens da Liberdade, para contestar a segregação e assegurar aos afro-americanos o direito ao voto. Apesar das mais de quarenta detenções, dos ataques físicos e das surras brutais, ele jamais deixou de praticar a filosofia da não violência. Sua vida foi marcada por uma coragem extraordinária e pela dedicação para fazer da América uma "comunidade amada".

Homenageamos também atitudes incomparáveis de coragem. O presidente Gerald Ford, por exemplo, recebeu o Prêmio Perfis de Coragem devido ao indulto concedido a Richard Nixon. Ford percebeu que a América precisava começar a se curar das feridas do Watergate, e que ele era o único homem capaz de tornar isso possível. Um mês após se tornar presidente, Ford perdoou Nixon, sabendo que isso poderia lhe custar a presidência. Em 1976, foi derrotado por Jimmy Carter por uma pequena diferença de votos.

Assim como o governo de meu pai representou uma convocação para que as pessoas agissem, o serviço público foi redefinido, em nossa época, pelo 11 de setembro. Os tristes eventos daquele dia representaram uma enorme perda para as famílias, para as comunidades e para a nossa nação. Mas naqueles momentos terríveis, homens e mulheres comuns colocaram as próprias vidas em risco para que outras fossem salvas, dando um rosto real à coragem e inspirando uma nova geração a desejar ajudar os outros. A bravura extraordinária de nossos servidores públicos — bombeiros, policiais, equipes médicas, políticos — salvaram milhares de vidas. Renovamos nossa admiração pelos homens e mulheres de nossas forças armadas, que fazem da coragem suas carreiras. Os civis, que demonstraram uma extraordinária valentia no Pentágono, no World Trade Center e nos céus, nos mostraram que a capacidade de ter coragem, e de servir, está dentro de cada um de nós.

Todos nós precisamos encontrar o dom que temos a oferecer. Como disse Martin Luther King em um de seus últimos discursos antes de morrer: "Você não precisa de um diploma para servir. Você não precisa fazer o sujeito e o verbo concordarem para servir. Você não precisa conhecer Platão e Aristóteles para servir. Você não precisa conhecer a teoria da relatividade de Einstein para servir. Precisa apenas de um coração cheio de bondade. Uma alma gerada pelo amor. E então você poderá servir".

Caroline Kennedy
2003

Prólogo

A coragem era a virtude que o presidente Kennedy mais admirava. Ele buscava pessoas que a tivessem demonstrado de algum modo — fosse num campo de batalha ou num campo de beisebol, num discurso ou na luta por uma causa —, que não se sentiam intimidadas, que eram indivíduos com os quais podíamos contar.

Por esse motivo, este livro reflete tão bem sua personalidade e suas crenças. Trata-se de um estudo sobre homens que, arriscando suas vidas, seus futuros e até mesmo o bem-estar de seus filhos, mantiveram seus princípios. Foi em torno desse ideal que Kennedy moldou sua vida. E isso, com o passar do tempo, deu coragem a muitos outros.

Nas palavras de Andrew Jackson, "um homem de coragem forma uma maioria". Esse era o efeito que o presidente Kennedy causava nas pessoas.

Ele completaria 47 anos em maio de 1964. Pelo menos metade dos dias que passou neste planeta foi marcada pela extrema dor física. Sofreu de escarlatina quando era muito novo e de sérios problemas nas costas quando era mais velho. Nesse ínterim, teve quase todas as outras doenças imagináveis. Enquanto crescíamos juntos, brincávamos sobre o enorme risco que um mosquito enfrentaria ao picar Jack Kennedy — bastava provar um pouquinho de seu sangue e o mosquito provavelmente morreria. Ele ficou internado no hospital naval Chelsea por um longo período após a guerra, passou por uma cirurgia complicada e dolorosa nas costas em 1955 e fez sua campanha usando muletas em 1958. Em 1951, na viagem que fizemos ao redor do mundo, ele adoeceu.

Voamos para o hospital militar de Okinawa, e sua temperatura passava de 41 graus. Não acreditavam que ele fosse sobreviver.

Durante todo esse tempo, porém, nunca o ouvi reclamar. Nunca o ouvi dizer nada que indicasse que ele achava que Deus o tratava de maneira injusta. Aqueles que o conheciam bem sabiam que ele estava sofrendo, mas só porque seu rosto empalidecia um pouco, as rugas em torno dos olhos ficavam um pouco mais profundas, suas palavras, um pouco mais duras. Aqueles que não o conheciam bem nada detectavam.

Ele não reclamava dos seus problemas, então por que eu deveria reclamar dos meus? Era assim que as pessoas se sentiam perto dele.

Quando enfrentou as doenças, quando combateu na guerra, quando concorreu ao Senado, quando não cedeu aos interesses dos poderosos em Massachusetts e lutou pelo Canal de São Lourenço, quando apoiou a Lei de Reforma Trabalhista em 1959, quando entrou nas primárias da Virgínia Ocidental em 1960, quando participou de um debate com Lyndon Johnson na Convenção Democrata em Los Angeles sem ter sido avisado previamente, quando assumiu completamente a culpa pelo fracasso na Baía dos Porcos, quando enfrentou as siderúrgicas, quando defendeu a liberdade da cidade de Berlim em 1961 e novamente em 1962, quando forçou a retirada dos mísseis soviéticos de Cuba, quando discursou e lutou por direitos iguais para todos os cidadãos, e em centenas de outras atitudes, fossem elas maiores ou menores, Kennedy refletia o que há de melhor no ser humano.

Ele demonstrava convicção, coragem, desejo de ajudar quem precisava de ajuda e um amor verdadeiro e genuíno por seu país.

Devido a seu empenho, os deficientes mentais terão mais possibilidades, os jovens terão mais oportunidades de receber educação e de viver com dignidade e amor-próprio, os doentes, de serem tratados, o mundo, de viver em paz.

O presidente Kennedy passou apenas mil dias na Casa Branca, em vez dos 3 mil de praxe, mas ainda assim muito foi realizado. E ainda há muito a ser feito.

Este livro conta as histórias de homens que, em sua própria época, reconheceram o que precisava ser feito — e o fizeram. Kennedy gostava de citar Dante ao dizer que “os lugares mais quentes do inferno estão reservados para os que, em tempos de uma grande crise moral, mantêm sua neutralidade".

Se há uma lição a ser tirada das vidas dos homens que John Kennedy retrata neste livro, se há uma lição a ser tirada de sua vida e de sua morte, é que no nosso mundo ninguém pode se dar ao luxo de ser apenas um observador, um crítico à margem de tudo.

Thomas Carlyle escreveu: "A coragem que desejamos e estimamos não é a coragem de morrer decentemente, mas sim de viver valentemente".

Na manhã de sua morte, o presidente telefonou para o ex-vice-presidente John Nance Garner para lhe dar felicitações, pois aquele era o dia do seu 95º aniversário. Quando o sr. Garner chegou a Washington, o orçamento federal era de menos de 500 milhões de dólares. O presidente Kennedy administrava um orçamento um pouco menor que 100 bilhões.

A avó do presidente Kennedy morava em Boston quando o neto foi assassinado. Ela também estava viva no ano em que o presidente Lincoln levou um tiro.

Os Estados Unidos são um país jovem. Estamos crescendo e nos expandindo, e a impressão é de que um dia este planeta não poderá mais nos conter. Lidamos com problemas que ninguém, há cinquenta, ou até mesmo há dez anos, sonharia em ter que enfrentar.

Nossos talentos e nossa força se fazem necessários para superar os desafios — sejam eles em nossas cidades, no campo ou em nós mesmos — e para que tenhamos sucesso na luta pela liberdade ao redor do mundo, na luta contra o analfabetismo, a fome e as epidemias. Adulações e complacência não nos farão bem. Precisamos do melhor de todos — e não de apenas alguns. Nosso esforço deve mirar a perfeição.

Lorde Tweedsmuir, um dos autores preferidos do presidente, escreveu em sua autobiografia: "A vida pública é a coroação de uma carreira, e para jovens rapazes é a ambição mais valiosa que há. A política ainda é a maior e mais honrosa aventura".

O desprezo à política e àqueles que a exerciam era um sentimento comum em muitos meios. O presidente Kennedy, acredito eu, alterou a visão negativa que a opinião pública tinha em relação ao governo. Para seus membros, não há dúvida de que ele tenha feito isso. Mas, independentemente de como nos sentimos em relação à política, ela é a arena onde são tomadas as decisões que afetarão não só nossos destinos, mas o futuro de nossos filhos — os que já nasceram e os que ainda vão nascer.

Durante a crise dos mísseis em Cuba, debatemos a possibilidade de entrarmos em guerra, de bombardeios nucleares, e falamos sobre sermos mortos. A ideia de morrer, naqueles dias, parecia não ter qualquer importância, era quase uma frivolidade. A única questão que de fato o preocupava, e tinha um significado real que tornava aquela época muito mais assustadora do que seria normalmente, era o espectro da morte das crianças dos Estados Unidos e ao redor do mundo — os jovens que não faziam parte daquilo e nada sabiam sobre o confronto, mas cujas vidas seriam ceifadas como as de todos os demais. Eles nunca teriam a chance de tomar uma decisão, de votar numa eleição, de concorrer a um cargo público, de liderar uma revolução, de determinar o próprio destino.

A nossa geração teve essa chance. E a maior tragédia era que, se errássemos, erraríamos não só por nós mesmos — pelo nosso futuro, pelos nossos lares, pelo nosso país — mas também pelas vidas, pelos futuros, pelos lares e pelos países daqueles que nunca tiveram uma oportunidade de assumir um papel, de votar "sim" ou "não", de se fazerem ouvir.

Bonar Law disse: "Não existe guerra inevitável. Se a guerra acontece, é por causa do fracasso da sabedoria humana".

É verdade. É da sabedoria humana que precisamos, não só do nosso lado, mas do outro lado também. Eu acrescentaria que, se o presidente americano e também o premiê Khrushchev não tivessem demonstrado sabedoria, o mundo como o conhecíamos até então teria sido destruído.

Mas haverá novas Cubas. Haverá novas crises. Temos os problemas da fome, dos negligenciados, dos pobres e dos oprimidos. Eles precisam de mais ajuda. E assim como soluções tiveram de ser encontradas em outubro de 1962, respostas devem ser encontradas para estes outros problemas que ainda nos atormentam. Ainda precisamos de sabedoria.

John Quincy Adams, Daniel Webster, Sam Houston, Thomas Hart Benton, Edmund G. Ross, Lucius Quintus Cincinnatus Lamar, George Norris e Robert Taft nos deixaram um legado. Eles vieram, talharam sua marca e mudaram o país, cada um à sua época. O quanto admiramos, nutrimos e encorajamos todo o bem que fizeram e nos foi deixado é o quanto que o país — e todos nós — saímos ganhando.

E o mesmo vale para John F. Kennedy. Como esses outros, sua trajetória foi de grande importância para o país. Mais expressivo, porém, é o que fazemos com o que restou, com o que foi iniciado. Kennedy tinha a convicção, assim como Platão, de que o exercício da cidadania numa democracia é a participação no governo, e que, como escreveu Francis Bacon, "apenas Deus e os anjos podem observar à distância". Ele também acreditava que uma democracia com tal empenho por parte de seu povo deve e pode enfrentar seus problemas e mostrar paciência, autocontrole, compaixão, assim como sabedoria, força e coragem na batalha em busca de soluções que muito raramente são fáceis de serem encontradas.

Kennedy tinha a convicção de que teríamos sucesso nessa empreitada porque a coragem daqueles que nos antecederam está presente na atual geração de americanos.

> Não podemos esquecer nos dias de hoje que somos herdeiros daquela primeira revolução. Que a mensagem desse tempo e desse lugar siga em frente, para amigos e inimigos, dizendo que a tocha foi passada a uma nova geração de americanos — nascidos neste século, endurecidos pela guerra, disciplinados por uma paz dura e amarga, orgulhosos de nossa antiga herança —, que não testemunhará ou permitirá a lenta destruição dos direitos humanos, os quais esta nação sempre se comprometeu em assegurar, não apenas no território nacional, mas no mundo inteiro.

Este livro não traz apenas histórias do passado; é também uma obra de esperança e confiança no futuro. O que acontece com o país e com o mundo depende do que fazemos com o que nos foi deixado pelos outros.

Robert F. Kennedy
18 de dezembro, 1963

Prefácio

Desde que li pela primeira vez — muito antes de ser eleito para o Senado — um relato sobre John Quincy Adams e sua luta contra o Partido Federalista, comecei a me interessar pelas dificuldades da coragem política diante de pressões eleitorais e por como o conhecimento da história dos estadistas do passado pode ajudar a amenizar esses problemas. Um longo período de hospitalização e convalescença após uma cirurgia na coluna em outubro de 1954 me concedeu a primeira oportunidade de realizar a leitura e a pesquisa necessárias para este projeto.

Não sou um historiador profissional, e ainda que todos os fatos e julgamentos errados sejam exclusivamente meus, gostaria de expressar minha sincera gratidão àqueles que me ajudaram na preparação desta obra.

Tenho, em especial, uma dívida de gratidão para com uma fabulosa instituição americana: a Biblioteca do Congresso. Durante os inúmeros meses da minha ausência em Washington, as Divisões de Referência Legislativa e Empréstimos da biblioteca atenderam todas as minhas solicitações com impressionante prontidão e uma animada atenção. Milton Kaplan e Virginia Daiker, da Seção de Fotos e Impressões, foram altamente prestativos ao sugerirem possíveis ilustrações. O dr. George Galloway, e em particular o dr. William R. Tansill, do quadro de funcionários da biblioteca, fizeram contribuições importantes à seleção de exemplos a serem incluídos neste livro, assim como fizeram Arthur Krock, do *The New York Times*, e o professor James McGregor Burns, do Williams College.

O professor John Bystrom, da Universidade de Minnesota, o ex-procurador geral de Nebraska, C.A. Sorensen, e o honorável Hugo Srb, escriturário da Assembleia Legislativa de Nebraska, ajudaram fornecendo cartas nunca antes publicadas de George Norris e documentos pertinentes da Assembleia Legislativa de Nebraska.

O professor Jules Davids, da Universidade de Georgetown, colaborou materialmente com a preparação de diversos capítulos, assim como fez meu amigo James M. Landis, que se regozija em trazer a precisão de um advogado aos mistérios da história.

Os capítulos II ao X melhoraram significativamente depois das críticas dos professores Arthur N. Holcombe e Arthur M. Schlesinger Jr., ambos de Harvard, e do professor Walter Johnson, da Universidade de Chicago. As sugestões editoriais, a cooperação compreensiva e o estímulo inicial que recebi de Evan Thomas, da Harper & Brothers, possibilitaram a escrita deste livro.

A Gloria Liftman e Jane Donovan, meus agradecimentos por seus esforços, que ultrapassaram o dever, ao datilografar e redatilografar este manuscrito.

Minha maior dívida é com meu companheiro de pesquisa, Theodore C. Sorensen, por sua assistência inestimável na reunião e na preparação do material sobre o qual se baseia esta obra.

Este livro não poderia ser escrito sem o encorajamento, a assistência e as críticas oferecidas desde o início por minha esposa, Jacqueline. Jamais conseguirei agradecê-la o suficiente pela ajuda prestada durante todos os dias de minha convalescença.

John F. Kennedy
1955

Ele conhece bem as armadilhas espalhadas pelo caminho, devidas à hostilidade pessoal... e possivelmente à desilusão popular. Mas ainda assim colocou em risco sua tranquilidade, sua segurança, seus interesses, seu poder, até mesmo sua... popularidade. É difamado e atacado por suas supostas motivações. Ele lembrará que a desonra é um ingrediente necessário na composição de toda glória verdadeira: ele lembrará... que a difamação e a calúnia são partes essenciais do triunfo... Ele pode viver por um longo tempo, pode fazer muito. Mas o agora é seu ápice. Ele jamais poderá superar o que fez no dia de hoje.

Elogio de Edmund Burke a Charles James Fox
por seu ataque à tirania da Companhia das
Índias Orientais —
Câmara dos Comuns, primeiro de dezembro de 1783

Perfis de Coragem

I

Coragem e política

Este livro é sobre a mais admirável das virtudes humanas: a coragem. A "dignidade sob pressão", como Ernest Hemingway a definiu. E estas são as histórias das pressões vividas por oito senadores americanos e da dignidade com a qual eles as enfrentaram — os riscos à carreira, a impopularidade de suas ações, a difamação de suas personalidades e, às vezes, infelizmente só às vezes, a absolvição de suas reputações e de seus princípios.

Uma nação que se esquece dos atos de coragem de homens públicos do passado tem menor probabilidade de exigir ou de recompensar essa qualidade nos líderes que escolhe no presente — e, de fato, nós esquecemos. Talvez lembremos como John Quincy Adams se tornou presidente através das estratégias políticas de Henry Clay, mas esquecemos que, quando jovem, ele abriu mão de uma promissora carreira no Senado para defender os interesses da nação. Podemos nos lembrar de Daniel Webster por sua subserviência ao Banco Nacional estadunidense durante boa parte de sua carreira, mas esquecemos de seu sacrifício pelo bem nacional em seus últimos momentos no cargo. Não lembramos — e possivelmente não nos importamos.

"O povo não dá a mínima", disse um colunista a milhões de leitores poucos anos atrás, "para o que dizem senadores ou deputados. O motivo pelo qual não se importam é que todos sabem que 99% do que se ouve no Congresso são disparates, ignorância e demagogia, nos quais não devemos confiar".

Anteriormente, um membro do gabinete registrara em seu diário:

> Ainda que relute em acreditar na depravação total do Senado, coloco pouca fé na honestidade e no compromisso com a verdade de uma grande parcela dos senadores. A maioria deles tem pouca importância, é mentalmente fraca e completamente incapaz de desempenhar o papel exigido pelo cargo. Alguns são demagogos simplórios... alguns são homens ricos que compraram suas posições... [alguns são] homens de intelecto tacanho, compreensão limitada e pouca lealdade partidária...

Certa vez, um membro do próprio Senado dissera a seus colegas que "o povo está perdendo a confiança em nós, devido a nossas procrastinações despropositadas".

O Senado sabe que muitos americanos nutrem estes mesmos sentimentos nos dias de hoje. Os senadores, nos é dito, precisam agir como políticos — e políticos devem se preocupar apenas em conquistar votos, não com estadismo ou coragem. Ainda há mães que sonham em ver o filho crescer e se tornar presidente, mas segundo uma famosa pesquisa do Instituto Gallup realizada alguns anos atrás, elas não querem que, para isso, ele se torne um político.

Seria a atual onda de críticas e desrespeito uma indicação de que a qualidade do Senado diminuiu? Certamente não. Das três declarações supracitadas, a primeira foi feita no século XX, a segunda no século XIX e a terceira no século XVIII (quando o primeiro Senado, que mal havia sido implementado, debatia onde o Capitólio deveria ser situado).

Isso quer dizer, então, que o Senado não pode mais se vangloriar de ter homens de coragem?

Walter Lippmann, após quase meio século de observação minuciosa, fez um julgamento severo tanto dos políticos quanto do eleitorado:

> Com exceções tão raras que chegam a ser vistas como milagres ou aberrações da natureza, os políticos demo-

> cratas bem-sucedidos são homens inseguros e intimidados. Eles só avançam politicamente ao conciliar, apaziguar, subornar, seduzir, enganar, ou então conseguir manipular os elementos exigentes e ameaçadores de seus eleitorados. A consideração decisiva não é saber se a proposta é boa, mas sim se é popular — não se irá funcionar bem e se provar útil, mas sim se os eleitores com mais voz a aprovam de imediato.

Não tenho tanta certeza, depois de quase dez anos vivendo e trabalhando em meio a "políticos democratas bem-sucedidos", de que todos eles são "homens inseguros e intimidados". Tenho certeza de que a natureza complicada do serviço público e a competição em busca da atenção do público obscureceram inúmeros atos de coragem política — grandes e pequenos — realizados quase diariamente na Câmara do Senado. Estou convencido de que o declínio, se é que houve um, ocorreu com menos intensidade no Senado do que na apreciação pública da arte da política, da natureza e da necessidade de se fazer concessões e buscar equilíbrio e da natureza do Senado enquanto câmara legislativa. E, para finalizar, estou convencido de que criticamos aqueles que seguem o fluxo — criticando, ao mesmo tempo, aqueles que o desafiaram — porque não entendemos completamente a responsabilidade de um senador com seus eleitores ou porque não reconhecemos a dificuldade que enfrenta um político que deseja conscientemente, nas palavras de Webster, "tirar sozinho seu barco da praia" para colocá-lo num mar hostil e turbulento. Talvez, se o povo americano compreendesse melhor as terríveis pressões que desencorajam atos de coragem política, que levam um senador a abandonar ou a subordinar sua consciência, ele seria menos crítico em relação aos que escolhem a saída mais fácil — e demonstraria maior apreço por aqueles ainda capazes de seguir pelo caminho da coragem.

O *primeiro* tipo de pressão a ser mencionado é raramente reconhecido pelo público em geral. Os norte-americanos querem ser queridos — e os senadores não são exceções. São por natureza, e por necessidade, animais sociais. Todos gostamos do companheirismo e da aprovação de nossos amigos e colegas. Preferimos receber elogios a críticas, popularidade a desprezo. Ao perceber que o caminho do insurgente escrupuloso muitas vezes é solitário, queremos logo nos enturmar com nossos companheiros legisladores, nossos colegas de clube, e seguir as regras e os padrões dos grupos dos quais fazemos parte, em vez de buscarmos um caminho singular e independente que envergonharia ou irritaria os outros membros. Percebemos, ademais, que nossa influência no clube — e o alcance do sucesso que podemos obter em nossos objetivos e nos dos nossos eleitores — depende, em certa medida, da estima que outros senadores têm por nós. "O jeito de se enturmar", me disseram quando entrei para o Congresso, "é seguir a turma".

Seguir a turma significa mais do que simples camaradagem — inclui fazer concessões, ter sensibilidade para detectar o que é possível. Não devemos nos apressar em condenar toda concessão como um ato imoral. A política e a legislação não devem ser tratadas com princípios inflexíveis ou ideais inatingíveis. A política, como observou com precisão John Morley, "é um campo onde as ações sempre são a segunda opção e onde a escolha constantemente se divide entre dois passos em falso"; a legislação, sob o modo de vida democrático e o sistema federativo de governo, requer concessões entre os desejos de cada indivíduo e grupo e daqueles que os cercam. Henry Clay, que sabia muito bem sobre esse fato, disse que as concessões eram o cimento que mantinha junta a União:

> Toda legislação (...) se baseia no princípio de concessões mútuas (...) Que aquele que se coloca acima da humanidade, acima da fraqueza, de suas enfermidades, de seus desejos, de suas necessidades, diga, se assim quiser: "Eu nunca farei concessões"; mas que ninguém que não esteja acima das fragilidades de nossa natureza comum desdenhe delas.

São as concessões que evitam que cada grupo de reformistas — os *wets*[1] e os *drys*[2], os *one-worlders*[3] e os isolacionistas, os vivisseccionistas e os antivivisseccionistas — esmague o grupo no extremo oposto do espectro político. Os fanáticos e extremistas, e até mesmo aqueles que se dedicam conscientemente a princípios rígidos e inflexíveis, sempre se decepcionam com o fracasso do governo em implementar rapidamente esses princípios e em criticar os de seus oponentes. Mas o legislador tem a responsabilidade de conciliar essas forças opostas dentro de seu governo e de seu partido e em representá-las no conflito de interesses mais amplo da esfera nacional; e somente ele sabe que existem poucas situações, se é que existe alguma, em que toda a verdade e tudo que é certo e todos os inocentes se encontram do mesmo lado.

Alguns dos meus colegas que hoje são criticados pela falta de princípios declarados — ou que são vistos com desdém como "políticos" que fazem concessões — estão simplesmente envolvidos na fina arte de conciliar, equilibrar e interpretar as forças e facções da opinião pública, uma arte essencial para manter nossa nação unida e permitir que nosso governo funcione. Suas consciências podem direcioná-los de tempos em tempos a assumir uma posição mais firme, tendo como base seus princípios, mas seu intelecto lhes diz que uma lei mediana ou inferior é melhor que lei nenhuma, e que somente pelo "toma lá dá cá" das concessões é que qualquer lei recebe a aprovação sucessiva do Senado, da Câmara, do presidente e da nação.

A questão é como fazemos essas concessões e a quem. É fácil fazer concessões desnecessárias, não como um meio de realmente resolver conflitos, mas como um método de "seguir a turma".

Havia outras implicações quando me orientaram para "seguir a turma" — implicações quanto às recompensas que viriam com o cumprimento de minha obrigação de seguir a liderança do partido, a qual eu ajudara a determinar. Todos nós no Congresso somos claramente informados sobre a importância da união do partido (quantos pecados

1 Grupo que era contra a Lei Seca, período entre as décadas de 1920 e 1930 em que a fabricação e a comercialização de bebidas alcoólicas foram proibidas nos Estados Unidos. [N.T.]

2 Grupo a favor da Lei Seca. [N.T.]

3 Pessoas que acreditam no estabelecimento de um governo Mundial. [N.T.]

não foram cometidos por causa disso!) e do efeito adverso que uma conduta rebelde poderia provocar nas eleições seguintes. Ademais, no serviço público hodierno, as vantagens pessoais do patronato disponíveis ao legislador — para serem distribuídas aos ativistas mais empenhados na campanha, cujos esforços foram inspirados por algo mais que mera convicção — são relativamente poucas; e aqueles que desrespeitam a hierarquia do partido podem acabar se vendo de mãos vazias. Até mesmo o sucesso da lei que lhe interessa depende, em parte, de quanto seu apoio aos programas do partido lhe rendeu a assistência dos seus líderes. Por fim, o senador que segue um caminho independente tem mais chances de despertar o desprezo não só de seus colegas do Senado e de partido, mas também de figuras importantes que contribuíram para seu fundo de campanha.

É ao pensar em sua próxima campanha — no desejo de ser reeleito — que surge a *segunda* pressão sobre o senador escrupuloso. Não devemos supor automaticamente que ele aja de tal forma somente por egoísmo, embora não seja anormal que procure dar continuidade à carreira, uma vez que escolheu a política como profissão. Um senador derrotado na defesa infrutífera de um único princípio não contará com os recursos necessários para lutar por aquele ou qualquer outro princípio no futuro.

A derrota, ademais, não é um revés apenas para o próprio senador, porque ela o obriga a considerar o efeito que isso terá sobre o partido ao qual está filiado, sobre os amigos e apoiadores que se arriscaram por ele ou investiram suas economias em sua carreira, ou até mesmo sobre a esposa e os filhos, cujas felicidade e segurança — que muitas vezes dependem ao menos em parte de seu sucesso no cargo — podem ser mais importantes para ele do que qualquer outra coisa.

Em um país não totalitarista, onde mais, se não na profissão política, esperamos que o indivíduo sacrifique tudo, incluindo a própria carreira, pelo bem da nação? Na vida privada, assim como no mercado de trabalho, esperamos que o indivíduo persiga seus interesses pessoais — dentro dos limites da lei — de modo a obter sucesso. Já na vida pública, esperamos que os indivíduos sacrifiquem seus interesses privados para permitirem que o bem nacional avance.

Em nenhuma outra ocupação que não a política se espera que um homem sacrifique sua honra, seu prestígio e sua carreira em nome de uma única questão. Advogados, homens de negócios, professores, médicos, todos têm de enfrentar decisões pessoais importantes envolvendo sua integridade, mas poucos, ou nenhum, as enfrentam sob os holofotes, como é o caso daqueles no serviço público. Poucos, ou nenhum, enfrentam o medo aterrorizante que um senador sente diante de uma importante decisão que pode influenciar a vida de muitos. Ele pode desejar mais tempo para tomar sua decisão, pode acreditar que ambas as partes tenham mais a dizer, pode achar que uma pequena emenda constituinte seja capaz de solucionar todos os problemas, mas quando seu nome é chamado ele não pode se esconder, não pode se equivocar, não pode demorar; sente que seu eleitorado, assim como o corvo no poema de Poe, está empoleirado em sua mesa no Senado, crocitando "nunca mais" no momento em que é dado o voto que põe em risco seu futuro político.

Poucos senadores "se aposentam em Pocatello"[4] por escolha própria. A Febre do Potomac[5], muito comum em Washington, não se reproduz em nenhum outro lugar com tanta virulência quanto no Senado. A perspectiva de uma aposentadoria forçada do "clube mais exclusivo do mundo", a possibilidade de desistir do trabalho interessante, da pompa encantadora e das prerrogativas impressionantes de servir ao Congresso pode custar horas de sono até mesmo ao político mais corajoso. Dessa maneira, talvez sem perceber, alguns senadores tendem a seguir pelo caminho mais fácil e menos problemático para conciliar ou racionalizar o que de início parece ser um conflito entre sua consciência — ou o resultado de suas reflexões — e a opinião da maioria de seus eleitores. Estes não são covardes políticos, são apenas pessoas que desenvolveram o hábito de chegar a conclusões sinceras que inevitavelmente vão ao encontro da opinião popular.

Outros senadores, porém, não desenvolveram esse hábito — não condicionaram e nem tampouco subjugaram suas consciências —, mas sentem, de maneira sincera e sem cinismo, que devem deixar a consciência de lado se quiserem ser eficientes. Para eles, o ofício da política, como disse o escritor Frank Kent, não é imoral, mas simplesmente amoral:

---

4 Pocatello é uma das melhores cidades para se aposentar nos Estados Unidos. [N.T.]

5 Grande determinação para obter prestígio e poder no governo dos Estados Unidos. [N.T.]

> Provavelmente o feito mais importante para os que têm alguma ambição política é desenvolver a fina arte de aparentemente dizer algo sem fazê-lo (...) O importante não é estar do lado certo da questão em debate, mas sim do lado popular (...) independentemente de suas próprias convicções ou dos fatos. Angariar votos é uma atividade estritamente prática, na qual não podemos deixar que reflexões sobre moralidade, sobre o que é certo ou errado, venham interferir.

Kent cita o conselho que o ex-senador Ashurst, do Arizona, teria dado a seu colega, Mark Smith, durante a campanha de 1920:

> Mark, seu maior problema é que você se recusa a ser demagogo. Você hesita em reprimir seus princípios para se eleger. *Você precisa aprender que há ocasiões em que um homem que leva uma vida pública é obrigado a deixar de lado seus princípios.*

Nem todos os senadores concordariam, mas poucos negariam que o desejo de ser reeleito exerce uma forte limitação à coragem individual.

A *terceira* e mais importante fonte de pressões que desestimulam a coragem política no senador ou no deputado escrupuloso — e praticamente todos os problemas descritos neste capítulo se aplicam igualmente a ambos os cargos — é a pressão exercida pelo seu eleitorado, pelos grupos de interesse, os escritores de cartas organizados, os blocos econômicos e até mesmo o eleitor comum. Lidar com essas pressões, desafiá-las ou até satisfazê-las é uma tarefa exaustiva. Todos nós, ocasionalmente, sentimos o ímpeto de seguir o exemplo do deputado John Steven McGroarty, da Califórnia, que escreveu a um eleitor em 1934:

> Um dos inúmeros inconvenientes de fazer parte do Congresso é ser obrigado a receber cartas impertinentes de idiotas como você, dizendo que prometi que as mon-

tanhas de Sierra Madre seriam reflorestadas e que estou há dois meses no Congresso e ainda não fiz isso. Vai ver se estou na esquina e aproveita para ir para o inferno.

Feliz ou infelizmente, poucos sucumbem a esse ímpeto, mas a provocação existe, não só na forma de cartas despropositadas, mas também como exigências completamente inconsistentes e infinitos relatos de insatisfação.

Certa vez recebi em meu gabinete uma delegação representando as fábricas têxteis da Nova Inglaterra, uma indústria essencial à nossa prosperidade. Eles pleitearam a redução das tarifas sobre a lã importada que compram da Austrália e o aumento das tarifas sobre as peças de lã finalizadas que são importadas da Inglaterra, com as quais competem. Um de meus colegas do Sul me contou que um grupo similar o visitou pouco tempo atrás com as mesmas exigências, mas insistindo, também, para que ele tomasse medidas para (1) encerrar a competição com os baixos salários praticados no Japão e (2) evitar que o Congresso acabasse — caso aumentasse o salário mínimo — com a vantagem de que eles próprios desfrutavam ao pagar baixos salários, em detrimento dos meus eleitores. Ontem mesmo dois grupos me convocaram no Senado: o primeiro era formado por empresários que buscavam o fechamento de uma atividade governamental local alegando competição desleal contra a iniciativa privada; já o outro representava homens que trabalhavam nas instalações do governo e temiam por seus empregos.

Todos nós, no Senado, nos deparamos com infinitos exemplos dessas pressões conflitantes, que apenas refletem as inevitáveis inconsistências em nossa complexa economia. Se formos francos com nossos eleitores e dissermos que nada podemos fazer, somos vistos como insensíveis ou incapazes. Se tentarmos e fracassarmos — normalmente diante da oposição de outros senadores, representando outros interesses —, dirão que somos iguais a todos os outros políticos. Tudo o que podemos fazer é nos esconder e chorar no ombro de algum colega solidário — ou ir para casa e acabar discutindo com a esposa.

Pode-se alegar que esses grupos de pressão e as pessoas que escrevem cartas representam apenas uma pequena porcentagem dos eleitores, o que é verdade. Mas essas são as pessoas articuladas cujas opiniões não podem ser ignoradas e que constituem a maior parte do contato que temos com o público em geral— cujas opiniões desconhecemos, cujos votos precisamos conquistar e cujas noções do que estamos fazendo, muito provavelmente, são limitadas. (Um senador, depois de aposentado, disse que votava a favor das diversas bancadas em todas as questões de seus interesses, esperando que na época da eleição todas elas reunidas constituíssem uma quase maioria que se lembraria dele de maneira favorável, ao passo que os outros integrantes do público jamais tomariam conhecimento — quanto menos lembrariam — de seu voto contra o bem-estar deles. É reconfortante saber que essa fórmula aparentemente imbatível não funcionou no caso dele.)

Essas, portanto, são algumas das pressões que um homem de escrúpulos tem de enfrentar. Ele não pode ignorar os grupos de pressão, seu eleitorado, seu partido, a camaradagem de seus colegas, as necessidades de sua família, seu próprio orgulho pelo trabalho, a necessidade de fazer concessões e a importância de permanecer no cargo. Ele deve julgar por si mesmo que caminho seguir, que passo o levará mais adiante, ou que passo retardará os ideais que o norteiam. Ele percebe que a partir do momento em que começa a pesar cada questão visando a suas chances de reeleição, a partir do momento em que começa a abrir mão de seus princípios por medo de que, se não o fizer, sua carreira poderá ser atravancada e ele não poderá travar futuras lutas, ele já perdeu a própria liberdade de consciência que justifica sua permanência no cargo. Mas decidir em que ponto e acerca de qual questão ele arriscará a carreira representa uma decisão difícil e profunda.

Mas isso não representa um verdadeiro problema, dirão alguns. Basta fazer o que é certo sempre, sem se importar com a popularidade de sua ação. Ignorar as pressões, as tentações, as falsas concessões.

Essa seria uma opção fácil, mas só para aqueles que não carregam as responsabilidades de um cargo eletivo. Há mais coisas envolvidas que pressão, política e ambições pessoais. Temos o direito de ignorar as exigências de nossos eleitores, mesmo se pudermos e quisermos fazê-lo? Já identificamos as pressões que fazem da coragem política uma escolha difícil, agora é a vez de nos concentrarmos nas obrigações constitucionais e mais teóricas que levantam dúvidas sobre a conveniência de tal escolha — obrigações com nosso estado e região, nosso partido e, acima de tudo, nossos eleitores.

A responsabilidade primordial de um senador, supõe a maioria das pessoas, é representar as ideias de seu estado. O sistema norte-americano é federalista (uma união de estados relativamente soberanos cujas necessidades diferem enormemente), portanto minhas obrigações constitucionais como senador aparentemente exigiriam que eu representasse os interesses do meu estado. Quem falará em nome de Massachusetts se seus próprios senadores não o fizerem? Os direitos e até mesmo a identidade dos cidadãos desse estado seriam sobrepujados. Sua representação igualitária no congresso se perderia. Suas aspirações, por mais que de tempos em tempos possam fazer parte da minoria, não recebem a mesma oportunidade de serem ouvidas.

Nenhum senador precisa de muito tempo para perceber que seus colegas representam interesses locais *deles*. E se tais interesses porventura tiverem de ser abandonados em benefício do bem nacional, deixe que os eleitores — e não o senador — decidam quando isso vai acontecer e até que ponto. O senador é o representante deles em Washington, defensor de seus direitos, reconhecido pelo vice-presidente na Câmara do Senado como "o senador de Massachusetts" ou "o senador do Texas".

Apesar de tudo que já foi dito e admitido, ainda não tocamos em todos os pontos. Em Washington somos "senadores dos Estados Unidos" e membros do Senado dos Estados Unidos, assim como senadores de Massachusetts e do Texas. Nosso juramento é ministrado pelo vice-presidente, não pelos governadores de nossos respectivos estados. Nós vamos a Washington, parafraseando Edmund Burke, não como embaixadores hostis ou defensores especiais de nossos estados ou regiões, fazendo oposição aos defensores e representantes de outras áreas, mas sim como membros da assembleia deliberativa de uma nação com um interesse comum. Obviamente, não devemos ignorar os interesses de nossa área, nem poderíamos, porque somos produto de determinada região, mas ninguém cuidaria do interesse nacional se os interesses locais predominassem no exercício de nossas funções.

Existem outras obrigações além das geradas pelas necessidades do estado e da região: as obrigações do partido, cujas pressões já foram descritas.

Mesmo se quiséssemos ignorá-las, não seríamos compelidos a seguir as orientações do partido que nos colocaram no cargo? Nos Estados Unidos, acreditamos no princípio da responsabilidade partidária e reconhecemos a necessidade de aderir às plataformas do partido — mantendo o sentido da existência de rótulos partidários para os eleitores. Essa é a única maneira pela qual nossa nação, formada basicamente por dois partidos, pode evitar as armadilhas de inúmeros partidos dissidentes, cujas pureza e rigidez de princípios, devo acrescentar, aumentam de maneira inversamente proporcional ao tamanho de seu quadro de membros.

Ainda assim, não podemos permitir que as pressões da responsabilidade partidária sobrepujem o dever da responsabilidade pessoal. O partido que, em sua busca por unidade, disciplina e sucesso, decidir excluir novas ideias, condutas independentes ou membros insurgentes, assumirá um risco. Nas palavras do senador Albert Beveridge:

> O único modo de um partido sobreviver é crescendo, a intolerância em relação a novas ideias é sua morte (...) Uma organização que depende exclusivamente da reprodução para angariar votos, com o filho que assume o lugar do pai, não é um partido político, mas sim uma máfia chinesa; não cidadãos unidos por opiniões e escrúpulos, mas sim uma tribo indígena mantida à base de sangue e preconceito.

O sistema bipartidário perdura não porque os dois partidos são rígidos, mas porque são flexíveis. Quando entrei para o Congresso, o Partido Republicano era grande o bastante para abrigar, por exemplo, tanto Robert Taft quanto Wayne Morse — e o lado democrata do Senado ao qual agora sirvo pode contar alegremente, por exemplo, com Harry Byrd e Wayne Morse.

Obviamente, os dois maiores partidos tentam servir aos interesses nacionais. Fazem isso, se não por uma razão mais nobre, para obter uma base de apoio mais ampla. Mas quando o partido e o político eleito divergem acerca de como o interesse nacional deve ser atendido, temos de considerar primeiramente a responsabilidade que devemos não ao partido e nem mesmo aos eleitores, mas às nossas consciências individuais.

É um pouco mais fácil ignorarmos nossas obrigações com os interesses locais e com o partido do que lidar diretamente com nossa responsabilidade em relação à vontade de nossos eleitores. Um senador que foge dessa responsabilidade aparentemente não inspiraria confiança a ninguém e, com isso, as garantias do nosso sistema democrático desapareceriam. Ele deixa de ser um representante no sentido real da palavra, pois violou a esperança pública, traindo a confiança demonstrada por aqueles que votaram nele para defender suas ideias. Tal como perguntou John Tyler à Câmara dos Representantes em seu discurso de posse:

> Deveria a criatura se opor a seu Criador? Deve o servo desobedecer aos desejos de seu senhor? De que maneira podemos acreditar que ele representa o povo quando fala sua própria língua e não a deles? Ele deixa de ser o representante deles no momento em que o faz e passa a representar somente a si mesmo.

Em suma, segundo esta linha de raciocínio, se eu quiser atender adequadamente à vontade dos meus eleitores, é meu dever colocar os princípios deles, e não os meus, acima de tudo. Isto nem sempre é fácil, mas ainda assim constitui a essência da democracia — a fé na sabedoria do povo e em suas ideias. O povo certamente cometerá erros e terá sempre o governo que merece, mas isso ainda é bem melhor do que ver o seu representante se arrogar o direito de dizer que apenas ele sabe o que é melhor para a população. Encerrando o argumento, fica a pergunta: ele não é escolhido justamente para votar como eles votariam em seu lugar?

É difícil aceitar uma visão tão limitada sobre o papel do senador americano — uma visão que pressupõe que o povo de Massachusetts me enviou a Washington para servir unicamente como um sismógrafo que registra as mudanças na opinião popular. Eu rejeito tal ponto de vista, não porque duvide da "sabedoria do povo", mas porque este conceito de democracia na verdade acredita muito pouco na população. Aqueles que renegam a obrigação do representante de agir de acordo com cada impulso do eleitorado, independentemente das conclusões às quais suas próprias deliberações o levam, de fato acreditam na sabedoria popular. Acreditam no supremo senso de justiça do povo, em sua habilidade de honrar a coragem e respeitar decisões, e acreditam que a longo prazo eles agirão de maneira altruísta pelo bem da nação. É nesse tipo de fé que a democracia se baseia, e não simplesmente na esperança muitas vezes frustrada de que a opinião pública irá sempre e sob qualquer circunstância se identificar prontamente com o interesse público.

Os eleitores nos escolheram, em suma, porque confiam em nossa capacidade de decisão e em nossa habilidade para exercer essa capacidade numa posição em que podemos determinar seus interesses aliados aos da nação. Isso significa que, em certas ocasiões, devemos conduzir, informar, corrigir e às vezes até mesmo ignorar a opinião do eleitorado se quisermos exercer por completo a capacidade de decisão pela qual fomos eleitos. Mas agindo sem um motivo próprio ou uma predisposição particular, aqueles que seguem os ditames de uma consciência inteligente não são políticos aristocratas, demagogos, excêntricos ou insensíveis, indiferentes aos sentimentos do povo. Eles esperam, e não sem uma apreensão considerável, que seus eleitores sejam os juízes finais da sabedoria empregada no percurso que escolheram; mas acreditam que aqueles eleitores — hoje, amanhã ou até mesmo em outra geração — ao menos respeitarão os princípios que motivaram sua posição independente.

Se suas carreiras forem temporariamente ou até mesmo permanentemente soterradas por uma avalanche de editoriais ofensivos, cartas venenosas e poucos votos nas eleições — como ocasionalmente acontece, pois esse é o risco que correm trabalhando na política — eles esperam pelo futuro com esperança e confiança, cientes do fato de que os eleitores frequentemente sofrem do que o ex-deputado T.V. Smith classificou como a diferença "entre nosso modo de pensar e nosso modo de vida". Smith comparou tal fato ao tema do poema anônimo a seguir:

> Houve certa vez um dachshund tão comprido
> Que não tinha a menor noção
> De quanto tempo levava para avisar

À cauda sua emoção;
E assim foi, enquanto seus olhos
Enchiam-se de dor e melancolia
Sua pequena cauda continuava a balançar
Por causa de uma antiga alegria.

Ademais, me pergunto se algum senador, antes de votar em alguma medida, pode afirmar com certeza qual a opinião da maioria de seus eleitores sobre o tema apresentado ao Senado. Todos nós do governo vivemos num pulmão de aço — o da política — e não é tarefa fácil emergir dessa atmosfera rarefeita para respirar o mesmo ar fresco que respiram nossos eleitores. Assim como também é difícil encontrar, pessoalmente, um número significativo de eleitores que não sejam puxa-sacos profissionais ou tagarelas que se aglomeram perto do político durante sua volta para casa. Em Washington, frequentemente me vejo acreditando que quarenta ou cinquenta cartas, seis visitas de políticos e lobistas profissionais e três editoriais nos jornais de Massachusetts representam a opinião pública acerca de determinada questão. Entretanto, na realidade, raramente sei dizer como a maioria dos eleitores se sente, ou até mesmo o quanto está ciente de questões que parecem tão urgentes em Washington.

Hoje o desafio da coragem política é maior do que nunca. Nossa vida cotidiana vem se tornando tão impregnada pela enorme força das comunicações de massa que qualquer curso de ação impopular ou não ortodoxa provoca uma tempestade de protestos que John Quincy Adams, atacado em 1807, jamais poderia imaginar. Nossa vida política vem se tornando tão dispendiosa, tão mecanizada e tão dominada por políticos de carreira e profissionais de relações públicas que o idealista que sonha com um mandato independente é bruscamente despertado pelas necessidades de conseguir votos e executar alguma de suas propostas. E nossa vida pública está tão focada naquela guerra aparentemente infinita — à qual demos o curioso epíteto de "fria" — que tendemos a encorajar uma unidade ideológica rígida e padrões ortodoxos de pensamento.

Desta maneira, nos dias vindouros, somente os muito corajosos serão capazes de tomar as decisões difíceis e impopulares necessárias à nossa sobrevivência diante de um poderoso inimigo — um inimigo com líderes que não precisam refletir muito sobre a popularidade de suas ações, que não devem muitas explicações à opinião pública que eles próprios manipulam, e que podem obrigar, sem medo de retaliação nas urnas, que seus cidadãos sacrifiquem o sorriso de hoje pela glória de amanhã. E somente os muito corajosos conseguirão manter vivo o espírito de independência e dissensão que deu origem aos Estados Unidos, os nutriu como a um bebê e os conduziu pelos testes mais severos até chegar a sua maturidade.

Obviamente, seria muito mais fácil se todos pudéssemos continuar a pensar em padrões políticos tradicionais — sobre liberalismo e conservadorismo, na condição de republicanos ou democratas, do ponto de vista do Norte e do Sul, sobre gestão e trabalho, negócios e consumidores, ou dentro de alguma outra estrutura igualmente restrita. Seria mais confortável continuar a ir em frente e votar em uníssono, juntando-nos àqueles nossos colegas igualmente escravizados por alguma tendência em alta, pelos preconceitos do momento ou por algum movimento popular. Mas nos dias de hoje a nação norte-americana não pode se dar ao luxo de sustentar hábitos políticos indolentes. Somente a força, o progresso e a mudança pacífica que vêm das ideias individuais e do pensamento independente — ou, até mesmo, heterodoxo e excêntrico —, podem nos fazer ultrapassar aquela ideologia estrangeira que teme o pensamento livre mais do que teme bombas de hidrogênio.

Precisaremos fazer concessões nos dias que virão pela frente, isso é certo. Mas elas serão, ou deveriam ser, feitas a questões específicas, não a princípios. Podemos cometer faltas contra nossas posições políticas, porém jamais contra nós mesmos. Podemos resolver conflitos de interesses sem abrir mão de nossos ideais. E até mesmo a necessidade do tipo certo de concessão não elimina a de existirem idealistas e reformadores que mantêm a continuidade de nossos acordos, evitando que todas as situações políticas caiam na descrição feita por Shaw: "(...) maculadas por concessões, podres pelo oportunismo, mofadas pela conveniência, deformadas por interesses ocultos e putrefatas por intromissões". Tomar tal atitude não significa, necessariamente, covardia. Na verdade, são aqueles que fazem concessões e os conciliadores que normalmente têm de enfrentar testes severos de coragem política ao se oporem às visões extremistas de seus eleitores. Foi por defender conscientemente as concessões que Daniel Webster, em 1850, recebeu uma condenação jamais superada nos anais da história política.

Seu caso merece ser lembrado nos dias de hoje. Assim como, acredito eu, também merecem ser contadas as histórias de outros senadores de coragem, homens cuja lealdade à nação triunfou sobre todas as considerações pessoais e políticas, que demonstraram o verdadeiro significado de coragem e uma fé genuína na democracia, que fizeram do Senado dos Estados Unidos algo mais do que um reles agrupamento de robôs seguindo obedientemente as visões de seus eleitores, ou mais que uma reunião de pessoas sem personalidade cuja única habilidade é prever e seguir a maré da opinião pública.

Alguns desses homens, cujas histórias serão contadas a seguir, estavam certos em suas convicções; outros talvez não estivessem. Alguns acabaram posteriormente vindicados e reconquistaram sua popularidade; muitos não tiveram a mesma sorte. Alguns demonstraram coragem durante toda a carreira política; outros velejavam ao sabor do vento até o momento decisivo em que sua consciência e os contextos nos quais se inseriam os lançaram no olho do furacão. Alguns foram corajosos em sua dedicação firme a princípios absolutos; outros foram condenados por defender concessões.

Quaisquer que sejam suas diferenças, os políticos americanos cujas histórias serão aqui recontadas compartilham uma qualidade heroica específica: a coragem. Nas páginas que se seguem, minha intenção foi expor suas vidas: os ideais pelos quais viveram e os princípios pelos quais lutaram, suas virtudes e seus pecados, seus sonhos e suas desilusões, os elogios que receberam e os ataques que sofreram. Tudo isso pode ser publicado e pode ser lido, mas existe algo na vida de cada um desses homens que é difícil de ser registrado na página impressa, e ainda assim é algo que alcançou os lares e enriqueceu o legado de todos os cidadãos em todos os cantos do país.

Parte Um

A época e o lugar

N*ossa primeira história começa em 1803,* *quando Washington nada* mais era que um vilarejo rústico e bucólico. Diz a lenda que um novo enviado francês, olhando ao redor no momento de sua chegada, gritou: "Meu Deus! O que eu fiz para ser condenado a viver nesta cidade?". No Capitólio ainda inacabado ficava localizado o Senado dos Estados Unidos, já bastante diferente daquele primeiro situado no New York City Hall em 1789, e ainda mais diferente do órgão planejado originalmente pelos autores da Constituição em 1787.

Os fundadores da nação não poderiam imaginar que o serviço no Senado ofereceria oportunidades para demonstrações de "coragem política", por meio da qual homens arriscariam ou condenariam suas carreiras ao se opor às vontades de seus eleitores. Para eles, o Senado, em contraste à Câmara, deveria ser um órgão que não estivesse sujeito à pressão do eleitorado. Cada estado, independentemente de seu tamanho e população, teria o mesmo número de senadores, todos agindo como embaixadores de governos estaduais soberanos e individuais junto ao Governo Federal, e não como representantes dos eleitores. Os senadores não se candidatariam à reeleição a cada dois anos — na verdade, Alexander Hamilton sugeriu que seus mandatos fossem vitalícios — e a intenção era que passassem por um prazo de seis anos sem sofrerem a influência direta da opinião pública.

Os senadores não deveriam nem mesmo ser eleitos pelo voto popular; as assembleias legislativas, capazes de representar de maneira confiável os interesses da classe alta conservadora de cada estado e resistir aos "caprichos das massas", foram designadas para tal função. Dessa forma, disse o representante John Dickinson à Convenção Constitucional, o Senado seria "constituído pelos indivíduos mais notáveis, de posições e propriedades notáveis, carregando a maior semelhança possível com a Câmara dos Lordes britânica".

Ademais, o Senado deveria ser menos um órgão constitucional, onde debates acalorados sobre questões vitais seriam acompanhados avidamente pelo público, e mais um conselho executivo, realizando sessões e tratados e funcionando como uma consultoria geral ao presidente, sem uma galeria aberta ao público ou mesmo um diário que registrasse suas atividades. Regionalismos, disse Hamilton, não teriam lugar no Senado, evitando assim que se tornasse meramente uma repetição do Congresso Continental, onde "a primeira questão era 'como tal medida afetará meus eleitores e... minha reeleição'".

Os 22 senadores americanos originais, reunindo-se em Nova York em 1789, pareceram, inicialmente, atender às expectativas dos autores da Constituição, particularmente no que dizia respeito à semelhança com a Câmara dos Lordes. Um grupo seleto e brilhante de estadistas eminentes e experientes, o Senado, quando comparado à Câmara dos Representantes, era mais pomposo e formal, com salas de feitio mais requintado e membros mais preocupados com a elegância de seus trajes e suas posições sociais. Reunindo-se a portas fechadas, sem a presença de comitês permanentes, o Senado deliberava pessoalmente com o presidente Washington, e atuava quase como uma parte integral da administração.

Porém, assim como acontece a todo órgão constitucional, a política chegou ao Senado dos Estados Unidos. Enquanto o Partido Federalista se dividia quanto à política externa e Thomas Jefferson renunciava ao Gabinete para coordenar seus seguidores, o Senado se tornou um fórum para a avaliação do Poder Executivo, o papel de conselho executivo sendo assumido por um grupo de homens em quem o presidente podia confiar para compartilhar suas ideias e ser fiel às suas ordens. Outros precedentes já haviam dividido o Senado e a Casa Branca. Em 1789, seguindo a prática da "Cortesia Senatorial", o nome de Benjamin Fishbourne foi rejeitado para o cargo de comandante do Porto de Savannah pelos senadores da Georgia. Pouco tempo depois, comitês especiais colocaram em prática as primeiras investigações senatoriais sobre as políticas e práticas de administração. Naquele mesmo ano a impossibilidade de o Senado desempenhar o papel de conselho executivo ficou evidente, um dos tratados com os índios do noroeste foi discutido pessoalmente por Washington e seu secretário de Guerra no Senado. O senador Maclay e outros, temendo (como expressou em seu diário) que "o presidente quisesse pisar no pescoço dos senadores", tentou atribuir a questão a uma comissão especial. O presidente, como registrou Maclay,

> (...) iniciou os trabalhos bastante irritado (...) e se retirou com ar de descontentamento. Fosse ele outro que não o homem a quem gosto de imaginar como o de maior caráter do mundo, eu teria dito com uma intratável dignidade.

Aos poucos, o Senado passou a assumir mais dos aspectos de um órgão constitucional. Em 1794, a presença do público foi autorizada durante a realização de sessões legislativas regulares; em 1801, correspondentes dos jornais passaram a ser admitidos; e em 1803 os senadores debatiam sobre quem teria o privilégio de entrar no salão do Senado. Não houve discordância quanto à presença de deputados, embaixadores, chefes de departamento e governadores, mas, e quanto às "damas"? O senador Wright afirmou que "a presença delas proporciona uma animação agradável e necessária ao debate, polindo os argumentos dos oradores e suavizando seus modos". Mas John Quincy Adams, cuja integridade puritana em ocasiões como essa será discutida mais à frente, respondeu que as damas "traziam barulho e confusão ao Senado, e os debates eram prolongados para chamar a atenção delas". (A moção para admitir a presença das "damas" foi derrotada por 16 votos a 12, embora essa política de exclusão viesse a ser revertida anos mais tarde, sendo retomada em tempos modernos).

Embora os senadores recebessem a munificente soma de seis dólares por dia e seus privilégios incluíssem o uso de grandes caixas de rapé prateadas no salão em que eles se reuniam, o comportamento aristocrático que caracterizou o primeiro Senado se mostrou deslocado quando, em 1800, a modesta aldeola de Washington, um lugar onde as cercanias rochosas representavam um enorme contraste às das capitais temporárias de Nova York e Filadélfia, se tornou a capital permanente do país. A formalidade nos procedimentos senatoriais, porém, foi mantida — embora o vice-presidente Aaron Burr, que foi alvo de desonra após matar Hamilton num duelo, frequentemente precisasse chamar a atenção dos senadores por "comer maçãs e bolos em suas cadeiras" e caminhar entre os outros que debatiam. John Quincy Adams registrou em seu diário que alguns dos discursos de seus colegas "eram tão tresloucados e mal formulados que a única explicação seria que o orador estivesse inflamado pelo álcool". Mas o Senado certamente retinha mais dignidade que a Câmara, onde os membros podiam usar chapéu e apoiar os pés sobre a mesa, assistindo a John Randolph, de Roanoke, se deslocar usando esporas prateadas, carregando consigo uma pesada chibata de cavalo, seguido por um cão da raça foxhound que dormia debaixo de sua mesa, e gritando por mais bebida para o porteiro, enquanto lançava ataques impiedosos contra seus oponentes.

Mesmo assim, a Câmara, ainda pequena o bastante para constituir um órgão realmente deliberativo, ofuscou o Senado em termos de poder político durante as três primeiras décadas de governo. Madison disse que "sendo um homem jovem com vontade de aumentar sua reputação como estadista, ele não poderia se permitir aceitar uma cadeira no Senado", cujos debates pouca influência tinham sobre a opinião pública. Muitos senadores abandonaram seus postos para se tornarem membros da Câmara, ou para assumirem outros cargos estaduais e locais. O Senado frequentemente suspendia suas sessões para que seus membros assistissem a algum debate importante na Câmara.

O senador Maclay, cujo diário constitui o melhor registro, ainda que um tanto distorcido, dos primórdios do Senado, se queixava frequentemente das sessões fastidiosas e triviais, como relata nesta entrada de 3 de abril de 1790: "Fui ao Senado. As minutas foram lidas. Uma mensagem chegou do presidente dos Estados Unidos. Um relato foi entregue ao presidente do Senado. Olhamos uns para os outros, rimos por meia hora e depois suspendemos a sessão".

Mas enquanto o Senado perdia seu papel como conselho executivo e começava equiparar sua importância à da Câmara no processo legislativo, também ficou claro que nenhuma garantia constitucional, ainda que criada com intenções nobres, podia evitar que as pressões políticas e do eleitorado interferissem naquelas deliberações. Maclay ficou indignado, pois em vez "da honra mais sensível, da sabedoria mais exaltada e da generosidade mais refinada" nortearem cada ação e cada feito de seus colegas, como era esperado, ele encontrou "o egoísmo mais rasteiro (...) Nosso governo é um reles sistema que manobra opiniões: 'Vote desse jeito para mim e eu voto daquele jeito para você'". O regionalismo que Hamilton esperava extinguir apenas se intensificou, particularmente quando os federalistas da Nova Inglaterra e os jeffersonianos da Virginia se dividiram em linhas regionais e partidárias. As assembleias legislativas, que passaram a responder cada vez mais às "massas", à medida que as restrições censitárias para votar foram removidas, transmitiam as pressões políticas de seus próprios eleitores para seus senadores por meio de "instruções"— um artifício nos Estados Unidos que aparentemente teve origem nas antigas reuniões municipais puritanas, que instruíram seus representantes na Corte Geral de Massachusetts a realizar medidas como "tirar a capital da perversa cidade de Boston", usar todos os recursos possíveis para "exterminar a profissão legal" e evitar que dívidas pudessem ser pagas "com canos velhos e enferrujados de armas que só servem para o ferro-velho". Alguns senadores também eram obrigados a voltar regularmente a suas assembleias legislativas para relatar, como enviados venezianos, seus serviços na capital.

Foi uma época de mudanças: no Senado, no conceito do nosso governo, no crescimento do sistema bipartidário, na propagação da democracia pelos campos, pelas fronteiras e pelos Estados Unidos da América. Homens flexíveis, homens que sabiam acompanhar ou velejar sobre as correntes inconstantes da opinião pública, homens que buscavam a glória na dignidade do Senado e não em seus feitos legislativos — esses eram os homens daqueles tempos. Mas o jovem John Quincy Adams, de Massachusetts, não era esse tipo de homem.

II

John Quincy Adams

"O magistrado é um servidor não do seu povo,
mas sim do seu Deus."

O *jovem senador de Massachusetts se remexia inquieto em sua* cadeira enquanto o debate se prolongava. No salão meio vazio do Senado, ecoavam em alto e bom som os gritos de seu colega de Massachusetts, o senador Pickering, que criticava, pelo que parecia ser a centésima vez, o embargo ao comércio feito pelo presidente Jefferson em 1807. Do lado de fora, uma chuva lúgubre de janeiro transformara o sombrio vilarejo de Washington num mar de lama. Organizando a correspondência espalhada sobre sua mesa, John Quincy Adams teve sua atenção atraída por uma letra incomum num envelope sem endereço do remetente. Dentro dele estava uma única folha de papel de linho fino, e o senador leu sombriamente a mensagem uma segunda vez antes de jogar a carta e o envelope no cesto de lixo ao lado da mesa:

> Lúcifer, filho da Manhã, como tombaste! Não irrecuperavelmente, assim esperamos. Ó Adams, lembra-te de quem és. Retorna para Massachusetts! Retorna para o

> campo. Não colabores para tua destruição! Considera as consequências! Desperta — erga-te a tempo!
>
> UM FEDERALISTA

Um federalista! Adams refletiu com amargura sobre a palavra. Não era ele filho do último presidente federalista? Não tinha servido às administrações federalistas no serviço diplomático no exterior? Não fora eleito como federalista para a Assembleia Legislativa de Massachusetts e depois para o Senado dos Estados Unidos? Agora, simplesmente por ter colocado o interesse nacional acima do partido e da região, os federalistas o abandonaram. Sim, pensou ele, eu não os abandonei, como afirmam. Foram eles que me abandonaram.

Ele escreveu em seu diário naquela noite:

> Minhas perspectivas políticas estão declinando, e à medida que meu mandato se aproxima do fim, me aproximo cada vez mais da certeza de ser restituído à condição de cidadão comum. Para tal circunstância, porém, espero estar com a mente suficientemente preparada. No meio-tempo, imploro ao Espírito, do qual todo dom bom e perfeito vem, que me permita prestar serviços essenciais ao meu país e que eu nunca seja influenciado em minha conduta pública por qualquer outra consideração que não aquela do meu dever.

Estes não são apenas os sentimentos de um senador corajoso, mas também as palavras de um estadista puritano. John Quincy Adams foi um dos grandes representantes dessa extraordinária classe, que deixou uma marca memorável em nosso governo e em nosso modo de vida. Duros e irascíveis como os montanhosos campos da Nova Inglaterra que influenciaram sua visão de mundo, os puritanos deram significado, consistência e personalidade aos primeiros dias da república americana. O senso de responsabilidade em relação ao Criador era algo que carregavam em cada etapa do seu dia. Acreditavam que o homem era feito à imagem de Deus e desta forma acreditavam também estarem aptos às extraordinárias exigências do autogoverno. Os puritanos amavam a liberdade e a lei; eram capazes de determinar o exato ponto onde os direitos do Estado e os direitos do indivíduo podiam ser conciliados. O intelecto do puritano — de John Quincy Adams e seus predecessores — era, como descreveu George Frisbie Hoar:

> Preparado para a discussão ética precisa, claro na visão de verdades gerais, ativo, incansável, apreciador de questionamentos e debates, mas permeado e contido por um arguto senso comum... Ele tinha uma tenacidade de propósito, uma coragem majestosa e inflexível, uma força de vontade resoluta, que nunca hesitava ou se acovardava diante de um antagonista humano, do exílio, da tortura ou da morte.

Infelizmente, em John Quincy Adams, essas mesmas características destoavam das intrigas partidárias e das paixões políticas em voga. Muito antes daqueles meses frustrantes no Senado em que sua caixa postal foi tomada por ataques dos federalistas de Massachusetts, muito antes até de entrar para o Senado, ele registrou em seu diário os perigos que enfrentava um puritano adentrando a política: "Sinto a grande tentação de me lançar em controvérsias políticas", escreveu ele, "mas... um político neste país deve ser um homem do seu partido. Eu gostaria de ser o homem do meu país".

Quando Quincy ainda era jovem, Abigail Adams afirmava com orgulho às amigas que ela e o marido, que guiavam completamente a educação e a instrução do filho, sabiam que ele ocuparia, futuramente, um cargo de liderança "no gabinete ou em campanhas (...) um guardião das leis e liberdades do país". Poucos americanos, ou talvez nenhum, nasceram com os privilégios de John Quincy Adams: um nome famoso; um pai brilhante que trabalhou incessantemente para desenvolver os talentos naturais do filho; e uma mãe extraordinária. Sem dúvida, ele nasceu com tudo de que precisava para ter uma vida feliz e bem-sucedida, exceto as qualidades que trazem paz de espírito.

Apesar de uma vida de feitos extraordinários, ele era constantemente atormentado por um senso de inadequação, de frustração, de fracasso. Ainda que sua consciência típica da Nova Inglaterra e seus talentos notáveis o tivessem conduzido com firmeza por uma estrada de sucesso incomparável, Adams nutriu, desde sempre, um senso mórbido de fracasso constante.

Suas primeiras sensações de inadequação, assim como sua mente precoce, ficam evidentes na carta que escreveu ao pai aos nove anos de idade:

> Caro Senhor:
> Adoro receber cartas; muito mais do que gosto de escrevê-las. Faço um péssimo papel ao redigir. Minha mente é muito instável. Meus pensamentos divagam para ovos de pássaros, brincadeiras e trivialidades, até ficar irritado comigo mesmo. Mamãe tem bastante dificuldade para me fazer estudar. Reconheço que sinto vergonha de mim mesmo. Acabei de começar o terceiro volume de *Rollin's History*, mas deveria estar na metade a esta altura. Estou determinado a ser mais diligente esta semana. Estabeleci um prazo para ler a metade do terceiro volume. Caso consiga manter minha determinação, talvez ao fim da semana consiga fazer uma avaliação melhor de mim mesmo. Gostaria que o senhor me desse algumas instruções por escrito no que diz respeito ao uso do meu tempo, e me aconselhasse sobre como dividir de maneira proporcional estudo e lazer, e eu as manterei sempre por perto e me empenharei para segui-las.
>
> Com a presente determinação de me tornar melhor, eu sou, meu caro senhor, seu filho,
>
> John Quincy Adams

Novamente, 36 anos depois, após trabalhar como senador dos Estados Unidos, professor de Harvard e representante diplomático americano para grandes potências europeias, ele escreveria tristemente em seu diário:

> Tenho 45 anos. Dois terços de uma longa vida se passaram e nada fiz para torná-la notável por sua utilidade ao meu país e à humanidade. (...) Paixões, indolência, fraqueza e enfermidades ocasionalmente fizeram com que me desviasse do que julgo como certo e quase constantemente paralisaram meus esforços para fazer o bem.

E, finalmente, aos setenta anos, depois de se destacar como um brilhante secretário de Estado, um presidente independente e um membro eloquente do Congresso, ele registraria melancolicamente que sua "vida inteira foi uma sucessão de decepções. Mal consigo me lembrar de um único exemplo de sucesso nas empreitadas em que me lancei".

Ainda assim, a vida censurada com tanta amargura por seu protagonista jamais foi igualada na história americana. John Quincy Adams — até sua morte, aos oitenta anos, no Capitólio — assumiu mais cargos importantes e participou de mais eventos importantes que qualquer outra pessoa na história dos Estados Unidos, como representante diplomático em Haia, emissário na Inglaterra, representante diplomático na Prússia, senador estadual, senador dos Estados Unidos, representante diplomático na Rússia, chefe da missão americana para negociar a paz com a Inglaterra, representante diplomático na Inglaterra, secretário de Estado, presidente dos Estados Unidos e membro da Câmara dos Representantes. Exercendo diferentes funções esteve na Revolução Americana, na Guerra de 1812 e no prelúdio à Guerra Civil.

Entre os conhecidos e os colegas que marcham pelas páginas do seu diário estão Sam Adams (seu parente), John Hancock, Washington, Jefferson, Franklin, Lafayette, John Jay, James Madison, James Monroe, John Marshall, Henry Clay, Andrew Jackson, Thomas Hart Benton, John Tyler, John C. Calhoun, Daniel Webster, Lincoln, James Buchanan, William Lloyd Garrison, Andrew Johnson, Jefferson Davis e muitos outros.

Ainda que tenha sido um dos homens mais talentosos a servir à nação, Adams possuía poucas das características pessoais que normalmente dão cor e charme à personalidade. Mas há certo fascínio e nobreza em sua imagem de homem irredutível, duro e inflexível, que julgou a si mesmo de maneira mais severa que seus inimigos mais ferrenhos o julgaram, dono de uma integridade incomparável entre as maiores figuras políticas da história estadunidense e constantemente guiado por sua consciência e pela profunda obrigação que sentia em se mostrar digno dos pais — de seus exemplos e de seus preceitos.

Suas frustrações e derrotas no gabinete político — como senador e como presidente — foram uma consequência inevitável da intransigência em ignorar os fatos políticos da vida. É importante ressaltar que os dois Adams, pai e filho, foram os únicos presidentes a não se elegerem para um segundo mandato nos primeiros cinquenta anos da história dos Estados Unidos. E ainda assim, seus fracassos — se é que podem ser chamados de fracassos — foram uma consequência da própria dedicação ao que consideravam ser de interesse público, e consequência também da incapacidade de seus colegas em alcançar os altos padrões de honra e retidão que eles levaram à vida pública.

A história do filho não pode ser totalmente separada da história do pai, tendo em vista que John Quincy Adams era, como Samuel Eliot Morison o descreveu, "acima de tudo um Adams"; sua dedicação comovente ao pai e a lealdade inabalável deste para com o filho, independentemente de qualquer constrangimento político, ofereciam um raio único de calor àquela existência dura e fria. ("Que família mais estranha!", escreveu o líder federalista Harrison Otis anos mais tarde. "Eu os considero como variações de uma espécie particular da nossa raça, dotados de uma combinação de talentos e boa personalidade moral, com paixões e predisposições calculadas para subjugar seus próprios objetivos e constranger os amigos.") Criado numa família puritana unida e fechada, quando criança John Quincy Adams foi ensinado pela mãe a imitar o pai famoso; e como senador, quando colegas e amigos o abandonaram de todos os lados, foi ao pai que recorreu em busca de apoio e aprovação.

Mesmo após a morte do pai, John Quincy manteve uma lealdade comovente à sua memória. Lendo na obra de Jefferson as cartas que escreveu mais de 35 anos antes, quando seu pai e Jefferson eram rivais políticos (a antiga amizade entre os dois seria posteriormente retomada), ele ainda se enraivecia diante do que via como a perfídia de Jefferson. "O modo como tratava meu pai", escreveu Adams em seu diário, "era desleal, traiçoeiro e falso, muito além do limite do tolerável".

John Quincy não entendia, mesmo após uma vida mergulhado nele, como funcionava nosso complicado sistema federal de freios e contrapesos; nem percebia que aquilo que via como as "maquinações" de Jefferson eram simplesmente uma faceta de sua genialidade, aplicada com sucesso à arte e à ciência de governar.

A incapacidade de John Quincy Adams em reconhecer os fatos políticos da vida se tornou aparente pela primeira vez durante os anos que passou no Senado — anos que não figuram entre os mais produtivos de sua vida nem tampouco nos quais sua contribuição foi especialmente significativa. Ainda assim, seu único mandato no Senado dos Estados Unidos nos possibilita enxergar o destino de um homem que trouxe consigo, em sua carreira pública, talentos notáveis, um nome respeitado e uma aspiração única pelo que era certo. Sua experiência ilustra como quase nenhuma outra que até mesmo esses dons extraordinários não bastam para se alcançar sucesso na vida política americana.

Não foi surpresa alguma que John Quincy, ao retornar a Boston após prestar serviços diplomáticos diante da derrota do pai para Thomas Jefferson na eleição presidencial, tenha se envolvido com as atividades do partido de seu progenitor. Ele admirava os federalistas, vendo-os como os fundadores da Constituição, os heróis da força naval e baluartes contra as influências revolucionárias francesas.

Mas não demorou muito para que o jovem ex-diplomata eleito como federalista para a Assembleia Legislativa de Massachusetts demonstrasse seu desprezo audacioso pelo partidarismo estrito. Sem consultar os colegas mais experientes, ele propôs — apenas 48 horas após se tornar membro do solene órgão administrativo — que o Partido Republicano (jeffersoniano ou democrata) ganhasse representação proporcional no Conselho Executivo. Adams declararia posteriormente que tal atitude de independência não partidária "marcava o princípio pelo qual sua vida pública inteira foi pautada, daquele dia até hoje".

Quando selecionaram, subsequentemente, o jovem Adams para o Senado, seus colegas da Assembleia Legislativa devem ter suposto que a honra, para alguém relativamente novo como ele, ajudaria a impor suas obrigações para com o partido.

Mas ao mesmo tempo em que a Assembleia aproximava o jovem John Quincy de sua ideia de como servir à nação, ela também dilacerava bruscamente a essência de seus sonhos e colocava obstáculos reais e desagradáveis em seu caminho. Logo após sua eleição, o invejoso e antagonista Timothy Pickering (dispensado do cargo de secretário do Estado pelo pai de John), foi selecionado como seu colega de Senado para um mandato de curta duração. Nem Pickering nem Adams tinham qualquer ilusão quanto à hostilidade do primeiro em relação à família Adams inteira, e John Quincy compreendeu que, por ser um federalista conhecido e poderoso, o senador Pickering teria os meios para canalizar sobre seu jovem colega todas as desaprovações e suspeitas que os outros senadores federalistas passaram a nutrir diante da independência demonstrada pelo Adams mais velho no cargo de presidente. Tampouco podia esperar compaixão dos senadores republicanos de Jefferson, que haviam recentemente encerrado uma campanha implacável contra seu pai e as Leis sobre Estrangeiros e Sedição que aprovara. Escrevendo em seu diário que "as qualidades mentais mais exigidas são firmeza, perseverança, paciência, frieza e leniência", John Quincy Adams, como qualquer outro cavalheiro puritano, partiu para Washington determinado a manter os padrões de autodisciplina que impusera a si mesmo.

Chegando a Washington, Adams prontamente demonstrou seu desprezo pelas afiliações partidárias e pela reticência comum aos novatos. Ainda que um caso de doença na família o tivesse impedido de chegar a tempo para votar na ratificação do tratado do presidente Jefferson para a compra do Território da Luisiana, ele prontamente provocou uma enorme controvérsia ao se tornar o único federalista a apoiar aquela aquisição sem precedentes e votar numa alocação de 11 milhões de dólares para efetuá-la. Seus princípios democráticos também o levaram a lutar contra medidas administrativas que impunham um governo e impostos aos habitantes do território — conquistando, dessa forma, a oposição de seus colegas republicanos. Mas, tendo em mente a visão de uma América expandida a suas dimensões continentais, ele considerava o feito notável de Jefferson ao afastar Napoleão das fronteiras americanas, ao mesmo tempo em que enriquecia a nação, como algo que tornava irrelevantes a surpresa e a indignação de seus colegas federalistas. Preocupados antes de mais nada em manter a hegemonia da Nova Inglaterra, temiam que a expansão para o oeste fosse diminuir a influência política e econômica das cidades mercantes do Nordeste, reduzisse o valor das terras orientais nas quais tinham interesses financeiros e proporcionasse aos jeffersonianos a maioria permanente no Congresso. Por mais que desconhecesse a intenção deles, o jovem federalista de Massachusetts botou lenha na fogueira da ira federalista ao comparecer a um banquete de jeffersonianos em comemoração à compra!

"O jantar estava ruim, e os brindes, excessivos", protestaria Adams irritadamente em seu diário naquela noite. Mas é de se duvidar que até mesmo um festim digno das melhores estalagens de Boston fizesse sua presença valer a pena — levando-se em consideração que seus amigos federalistas viram sua atitude como prova irrefutável de sua perfídia.

"Maldito seja o rapazote, e o modo como imita o pai!", escreveu Theodore Lyman, um proeminente federalista que se aliara a Pickering na contenda entre este e o velho Adams. Mas somente a opinião de um único político federalista importava mais ao jovem John Quincy que a sua própria: a de John Adams. Inquieto, partiu atrás do aconselhamento do pai, e o conforto que recebeu do veterano estadista no início de 1804 invalidou todos os ataques que sofrera nas mãos do partido. "Não desaprovo sua conduta na questão da Luisiana", escreveu John Adams ao filho, "embora saiba que este se tornará um tema bastante impopular nos estados do Norte (...) Acho que você agiu da maneira certa!"

Em seu diário, o jovem Adams resumiu seus primeiros meses no Senado:

> Já tive a oportunidade de experimentar, tendo anteriormente motivos concretos para esperar, o perigo de aderir aos meus próprios princípios. O país está tão entregue ao espírito do partido que não seguir cegamente a um ou a outro representa um crime imperdoável (...) Entre as duas opções, percebo a impossibilidade de seguir o que dita minha própria consciência sem sacrificar cada perspectiva, não apenas de avanço, mas até de manter

> a moral e a reputação das quais desfrutei. No entanto minha decisão foi tomada e, se não posso ter esperança em satisfazer meu país, estou ao menos determinado a ter a aprovação de minhas próprias reflexões.

Carregar o altivo sobrenome Adams não foi o suficiente para evitar, e pode até ter apressado, a emergência gradual do jovem senador como uma minoria de um. Fosse sua filosofia política mais popular, seus maneirismos pessoais ainda dificultariam o estabelecimento de alianças fortes. Ele era, afinal, "um Adams... frio, sem tato e completamente consciencioso". Filho de um pai impopular, renegado pelo próprio partido e um tanto quanto impertinente para um senador novato, John Quincy não buscou nem ofereceu alianças políticas ou influência.

Em apenas dez dias no Senado, Adams já havia irritado os veteranos e provocado um debate de três horas ao se opor a uma decisão de rotina que convocava os senadores a usarem braçadeiras de crepe por um mês em homenagem a três patriotas recém-falecidos. Tal decisão, argumentou ele com certa petulância, era imprópria, para não dizer inconstitucional, por "tratar de discussões inapropriadas de moral e de debates completamente alheios aos temas que de fato têm lugar" no Senado. Depois, surpreendeu seus colegas ao tentar excluir de uma audição de impugnação qualquer senador que tivesse votado previamente a favor do impeachment como membro da Câmara. Em seguida, para demonstrar a firmeza de sua independência intelectual, ele se opôs sozinho a uma moção para abrir uma sessão executiva quando o único propósito dela, segundo ele, era dar ao *Diário* a aparência de que algo estava sendo feito, quando na verdade não havia nada a se fazer.

Mas se o Partido Federalista começou a hostilizar mais o "rapazote" do que hostilizava seu pai, é preciso ressaltar que qualquer afeição por parte dos federalistas a John Quincy teria sido em vão, uma vez que o desdém do jovem senador pelo partido só aumentava. Na condição de nacionalista americano que passara a maior parte de sua vida no exterior, ele não podia abrir mão de sua dedicação ao interesse nacional em nome do panorama estritamente partidário, paroquiano e pró-britânico que dominava o primeiro partido político da Nova Inglaterra. Seus ex-colegas da Assembleia

Legislativa o acusaram publicamente de uma conduta ingrata, "digna de Maquiavel", mas ele escreveu à mãe alegando sentir que, como senador, poderia identificar melhor os interesses de Massachusetts, e "se o federalismo consiste em olhar para a marinha britânica como a única garantia da nossa liberdade, devo ser um herege político".

Muitos senadores, antes e depois de 1804, combateram os contratempos de serem rotulados como hereges políticos pelos líderes de seus partidos estabelecendo uma forte ligação com seus eleitores. Isso foi se tornando cada vez mais possível à medida que o sufrágio masculino universal se tornou geral no início do século XIX. Mas não John Quincy Adams. Ele encarava toda medida pública que surgia em sua frente, conforme observou um colega senador, como se fosse um teorema abstrato de Euclides, independentemente das considerações de apelo político. Ele renegava o dever dos representantes eleitos de "serem guiados pela vontade de seus eleitores" e se recusava a alcançar o sucesso tornando-se o que chamou de "patriota profissional", simulando "uma solicitude extraordinária para com o povo, bajulando suas predisposições, atendendo suas paixões e cedendo a suas opiniões transitórias e inconstantes". Seu norte era o princípio do estadismo puritano que seu pai cimentara muitos anos antes: "O magistrado não é um servidor dos seus próprios desejos, nem mesmo das pessoas, mas de seu Deus."

Caso John Quincy Adams servisse ao Senado nos dias de hoje, certamente admiraríamos sua coragem e determinação. Respeitaríamos sua visão não partidária e não regional. Mas não tenho tanta certeza de que gostaríamos dele como pessoa; e é evidente que muitos de seus colegas, de ambos os lados da política, não gostavam. Seu isolamento de ambos os partidos e os antagonismos que provocava praticamente anulavam o impacto de suas próprias propostas independentes e bem informadas. Seu diário revela que o jovem senador não ficava completamente imperturbável ante o isolamento político cada vez maior. Ele reclamava de que "nada podia fazer além de uma oposição infrutífera". "Já vi o bastante para ter certeza de que nenhuma emenda proposta por mim será aprovada pelo Senado do jeito que ele é hoje." Afirmava também: "Não tenho qualquer dúvida de que sofrerei muita censura e desonra por esta medida". Ele se referia aos outros senadores como aqueles "que me odeiam mais do que amam qualquer princípio". Adams se mostrava particularmente amargurado pela conduta insolente destinada a ele por parte de Pickering, e sentia que o colega abandonava "completamente a base do que é certo e contava apenas com o que lhe era oportuno".

Mas foi só em 1807 que a cisão entre o partido e o senador se tornou irreparável, e Adams foi atacado pela grande maioria de seus eleitores, assim como pelos líderes do partido. A ruptura final, notavelmente, envolvia a política externa da nação. À medida que nossas relações com a Grã-Bretanha se deterioravam, nossos navios foram apreendidos, nossas cargas, confiscadas, e nossos marujos, "apropriados" pelos cruzadores britânicos e forçados a servir — como supostos súditos britânicos — à marinha do Rei. Milhares de marujos americanos foram levados, embarcações se perderam no mar por falta de homens, e até aqueles que conseguiam "provar" sua cidadania americana frequentemente eram impedidos de voltar. O instinto patriótico de Adams foi incitado e ele se indignou quando os próprios comerciantes federalistas, cujas embarcações foram atacadas, decidiram que a conciliação com a Grã-Bretanha seria a única solução para os seus problemas. Seus colegas federalistas chegaram a tentar justificar tais medidas agressivas mencionando vagamente as dificuldades da Grã-Bretanha em sua guerra com a França, ressaltando o tom amigável dos Estados Unidos em relação aos franceses. Com um desprezo evidente por essa atitude, em 1806 Adams introduziu e forçou, com sucesso, a aprovação — uma experiência única para ele, como registrou em seu diário — de uma série de resoluções condenando as agressões britânicas contra embarcações americanas e solicitando ao presidente que exigisse a devolução dos navios confiscados, além de uma indenização. Os federalistas, obviamente, opuseram-se firmemente às suas medidas, assim como fizeram em relação a uma lei administrativa apoiada por Adams que limitava as importações britânicas. Ele era agora, para todos os efeitos práticos, um homem sem partido.

Finalmente, durante o verão de 1807, a fragata americana *Chesapeake* foi sumariamente atacada pelo navio de guerra britânico *Leopard* na área costeira da Virgínia depois que a embarcação americana se recusou a ser inspecionada ou a entregar quatro marinheiros que os ingleses afirmavam tratar-se de súditos britânicos. Muitos na tripulação americana acabaram mortos ou feridos. Enfurecido, Adams acreditava que, com ou sem partido, a hora de uma ação enérgica contra atos intoleráveis como aquele havia chegado. Para tal, pleiteou junto a oficiais federalistas locais que convocassem uma reunião municipal em Boston para protestar contra o incidente. Depois de receber uma resposta negativa, e indignado pelo fato de um proeminente federalista tentar justificar o ataque do *Leopard*, Adams descobriu, para sua cruel satisfação, que o Partido Republicano estava organizando uma assembleia deliberativa semelhante a ser realizada no capitólio estadual naquela exata semana.

O jornal federalista *Repertory* alertava aos afiliados do partido que a reunião não representava coisa alguma além de um "modo de procedimento irregular e tumultuado" ao qual "nenhum homem justo ou de respeito" deveria comparecer. Mas John Quincy Adams compareceu; e, ainda que tenha se recusado a atuar como moderador, foi fundamental na formulação da resolução de protesto do grupo, que oferecia ao presidente as vidas e as fortunas dos participantes em apoio a "qualquer medida, por mais séria que fosse".

Os federalistas ficaram indignados. Ainda que tenham convocado às pressas uma reunião oficial para, hipocritamente, também oferecer seu apoio ao presidente, eles declararam publicamente que John Quincy Adams, diante de sua associação pública às causas e reuniões republicanas, deveria "ter sua cabeça retirada por apostasia (...) e não mais deveria ser considerado integrante do partido". Foi esse episódio, como comentaria depois o senador, "que me afastou daquele dia em diante dos conselhos do Partido Federalista".

Quando em 18 de setembro de 1807 Jefferson reivindicou no Congresso uma retaliação aos britânicos por meio de um embargo que encerrasse efetivamente todo o comércio internacional — uma medida aparentemente desastrosa para Massachusetts, maior estado mercantil da nação —, foi John Quincy Adams, de Massachusetts, quem se voluntariou no Senado e solicitou que a questão fosse transferida a uma comissão especial; foi ele o apontado como chefe da comissão; e também foi ele que apresentou tanto o Projeto de Lei do Embargo quanto um outro projeto de lei de sua autoria proibindo as embarcações britânicas de entrarem em águas americanas.

"Essa medida vai custar a nós dois nossas cadeiras", disse o jovem Adams a um colega quando a comissão completou o trabalho e seus integrantes partiram rumo ao salão do Senado, "mas o interesse privado não deve se opor ao bem público".

Suas palavras foram infalivelmente proféticas. Depois que, com sua ajuda, o projeto do embargo se tornou lei, uma onda de protestos assolou Massachusetts, lembrando os dias da Festa do Chá de Boston. Nesse estado, situava-se uma parcela significativa da frota mercantil americana e praticamente toda a indústria da construção naval e da pesca. O embargo acabou completamente com as atividades da construção naval, destruiu o comércio marítimo e inutilizou os navios pesqueiros; estagnação, falência, miséria e imigração se tornaram comuns. Nem os comerciantes nem tampouco os marinheiros se convenciam de que a lei era para seu próprio bem. Até mesmo os fazendeiros da Nova Inglaterra viram seus produtos se acumularem no mercado, uma vez que suas vias de exportação foram fechadas.

Os líderes federalistas sustentavam que o embargo era uma tentativa de Jefferson de acabar com a prosperidade da Nova Inglaterra, provocar a Inglaterra a declarar guerra e ajudar os franceses. Por mais que os republicanos da Nova Inglaterra se recusassem a defender o projeto de lei do presidente, o Partido Federalista, usando o incidente como munição, retornou triunfante ao poder em ambas as câmaras da Assembleia Legislativa de Massachusetts. Menções a uma secessão da Nova Inglaterra se tornaram rotineiras.

Mas por maior que fosse o ódio por Jefferson e seu embargo, os federalistas de Massachusetts, os comerciantes e outros cidadãos ficaram ainda mais indignados com a "deserção" de seu senador para o lado inimigo. "Um saqueador de partidos!", bufou a *Hampshire Gazette*, de Northampaton, "um daqueles políticos ambiciosos que vivem tanto na terra quanto na água, ocasionalmente se serve de uma ou de outra, mas que no fim se estabelece mesmo é na lama". Adams, de acordo com a *Gazette* de Salem, era "um sujeito que busca popularidade (...) cortejando o partido dominante", e um dos "senadores de Bonaparte". A *Gazette* de Greenfield o chamou de apóstata, "associado aos assassinos da moral de seu pai". Seus próprios círculos sociais em Boston — os ricos, os cultos e os influentes — se voltaram contra ele. "Eu não me sentaria à mesa com aquele renegado", afirmou um dos cidadãos mais importantes de Boston ao se recusar a comparecer a um jantar em que Adams estaria presente. E um líder federalista escreveu com satisfação aos bastiões do partido em Washington: "Ele caminha pela State Street na hora de sempre, mas parece um completo desconhecido".

John Quincy Adams estava sozinho, mas não completamente. "Fui abandonado completamente pelos meus amigos, em Boston e na Assembleia Legislativa", escreveu ele à mãe. "Jamais conseguirei demonstrar minha gratidão aos céus por meu pai e minha mãe não terem participado dessa deserção generalizada." Quando começou a sofrer os ataques implacáveis de seu estado natal, John Quincy mais uma vez recorreu ao pai e abriu o coração. E seu pai respondeu que a situação do filho era "clara, evidente e óbvia":

> Nenhum partido o apoia; seu coração é honesto demais, sua mente, independente demais, e você tem talentos brilhantes demais para que qualquer homem sob o domínio das máximas do partido ou da lealdade a ele possa confiar em você de maneira sincera e confidencial (...) Pode acreditar então que seu destino está selado (...) Tenha consciência e espere por isso, mas de maneira alguma se arrependa. Meu conselho é que siga pela estrada que está trilhando, com moderação e cuidado, no entanto, pois acredito ser o caminho da justiça.

Mas aos olhos dos antigos apoiadores do ex-presidente, a família Adams inteira fora condenada devido ao ato de coragem de seu filho. "Sua [de John Quincy] apostasia não deixa mais dúvidas a ninguém", bradou o representante Gardenier, de Nova York. "Queria eu que Deus tivesse colocado a nobre casa de Braintree num buraco (e um bem profundo) vinte anos atrás!". Mas pai e filho permaneceram unidos. "Parton disse que você não era um federalista", escreveu-lhe o pai, "e gostaria que ele me classificasse da mesma forma, pois há muito tempo renunciei, abdiquei e reneguei o nome, a reputação e os atributos daquela facção, como tal me parece agora".

Com o apoio do pai — numa luta na qual ele se pôs ao lado do presidente que derrotara seu progenitor! — John Quincy manteve o caráter determinado e inflexível que veio de sua herança puritana. Quando foi abordado em Boston por um padre politizado que criticou suas ideias "de um modo rude e obsceno, disse a ele que em consideração a sua idade eu apenas destacaria que ele ainda tinha uma lição a aprender: a da caridade cristã". Quando seu colega, Pickering, o condenou numa carta aberta à Assembleia que foi distribuída por Massachusetts às dezenas de milhares, ele escreveu uma réplica magistral acusando o Partido Federalista de ser regionalista, antiquado e antipatriótico; sustentando que as questões críticas de guerra e paz não podiam ser decididas com base "na posição geográfica, nas tendências do partido ou na ocupação profissional"; e estourando contra a declaração subserviente de Pickering, que dizia que "embora a Grã-Bretanha, com seus milhares de navios de guerra, pudesse ter destruído nosso comércio, ela na verdade não nos causou nenhum prejuízo sério".

A Assembleia Federalista se reuniu no fim de maio de 1808, com, segundo escreveu o governador republicano de Massachusetts a Jefferson, um "objetivo principal em pauta: a destruição política e até pessoal de John Quincy Adams". Assim que ambas as câmaras se organizaram, a Assembleia elegeu imediatamente o sucessor de Adams, nove meses antes do término de seu mandato! E em suas ordens seguintes a Assembleia aprovou de imediato resoluções que instruíam seus senadores a pleitear a revogação do embargo.

"A eleição", percebeu Adams, "foi antecipada com o único intuito de me marcar. Em circunstâncias normais, teria sido feita somente durante a sessão invernal da Assembleia". E as resoluções, segundo ele, intimavam "os senadores a seguir por uma linha de conduta que meu julgamento não poderia aprovar nem tampouco meu espírito tolerar".

Só restava um caminho para John Quincy: entregar o cargo no Senado para defender as medidas do homem que tirara seu pai da presidência.

Estava "fora de questão", ele escreveu, permanecer no cargo "sem exercer a mais completa liberdade de ação, sob o controle único e exclusivo do meu próprio senso acerca do que é certo".

> Acrescento apenas que, longe de me arrepender de qualquer dos atos pelos quais sofri, eu os faria outra vez, caso tivessem de ser feitos hoje, mesmo sob o risco de ter de suportar dez vezes mais calúnias, impopularidade e destituição.

Mas caso fosse necessário seu próprio voto no Senado para salvar a política externa de Jefferson, escreveu Adams àqueles que criticaram sua renúncia num período tão crítico:

> (...) por mais alta que fosse minha estima pela autoridade dos meus eleitores, e por mais amarga que fosse a resistência à vontade declarada por eles (...) eu teria defendido seus interesses no lugar de suas inclinações, e incorreria em cada possível ampliação de seu ressentimento, só para salvá-los da vassalagem de suas próprias ilusões.

Odiado pelos federalistas e visto com desconfiança pelos republicanos, John Quincy Adams voltou à vida privada. Sua estrela logo voltaria a brilhar; mas ele jamais se esqueceu desse incidente nem abandonou a coragem de sua consciência. Reza a lenda que durante o mandato politicamente independente de Adams como presidente, em resposta ao brinde presidencial "Que ele atordoe seus inimigos!", Daniel Webster teria comentado secamente: "Assim como já fez com os amigos". Pouco tempo após sua saída da Casa Branca, em 1829, os eleitores do distrito de Plymouth solicitaram a Adams que os representasse no Congresso. Ignorando os conselhos da família e de amigos e seu próprio desejo em ter mais tempo livre para escrever a biografia do pai, ele concordou de aceitar o cargo caso fosse eleito, mas especificou de antemão que não deveriam esperar que ele promovesse sua candidatura e pedisse votos; além disso, afirmou que trilharia uma estrada no Congresso completamente independente do partido e das pessoas que o elegeram. Sob estas condições, Adams foi eleito com uma quantidade esmagadora de votos e trabalhou na Câmara até sua morte. E foi lá que escreveu talvez o capítulo mais brilhante de sua história, pois como o "Velho eloquente" ele dedicou seu notório prestígio e suas energias inesgotáveis à luta contra a escravidão.

Retornar naquela condição de independência ao Congresso do qual partira de forma tão desonrosa 22 anos antes foi uma experiência bastante comovente para o corajoso ex-senador. "Sou um membro eleito do Vigésimo Segundo Congresso", registrou com orgulho em seu diário. "Nenhuma eleição ou designação a mim conferida jamais me proporcionou tanta satisfação. Minha eleição como presidente dos Estados Unidos não ofereceu nem metade desta gratificação à minha alma."

Parte Dois

A época e o lugar

Grandes crises produzem grandes homens e grandes atos de coragem. Os Estados Unidos não conheceram crise maior do que a que culminou na guerra fraticida entre o Norte e o Sul, em 1861. Por isso, sem querer desmerecer outros períodos da história americana, nenhuma obra desta natureza poderia deixar de falar sobre três atos de extrema coragem política, e de importância vital à eventual manutenção da União, que ocorreram na fatídica década anterior à Guerra Civil. Em dois casos — envolvendo os senadores Sam Houston, do Texas, e Thomas Hart Benton, de Missouri, tendo os dois desfrutado do domínio político em seus estados por muitos anos —, a derrota foi uma recompensa. No terceiro — envolvendo Daniel Webster, de Massachusetts — nem mesmo a morte, que chegou dois anos após sua grande decisão, pôs um fim às calúnias proferidas contra ele por seus inimigos, que infelizmente deram um sabor amargo aos seus últimos dias.

Não é de surpreender que esse período de dez anos de crises recorrentes, quando os laços que atavam a União vinham se rompendo sucessivamente, tenha extraído o melhor, assim como o pior, de nossos líderes políticos. Todos em posições de responsabilidade foram obrigados a escolher entre manter a lealdade à nação ou a seus estados e regiões. Para muitos em ambos os lados — os abolicionistas no Norte, os engolidores de fogo (grupo de extremistas sulistas a favor da escravidão e da separação dos estados do Sul para a formação de uma nova nação), no Sul, homens plenamente convictos da retidão da causa de suas regiões —, a decisão veio fácil.

Mas para aqueles que tinham um compromisso simultâneo com seu Estado e seu país, para aqueles que buscavam concessões que adiariam ou eliminariam completamente a sombra da guerra que pairava sobre eles, a decisão era angustiante, uma vez que a escolha final envolvia a ruptura com velhas lealdades e amizades, e a perspectiva de uma derrota política humilhante.

O campo de batalha onde ocorreu a disputa entre Norte e Sul foi a câmara do Senado dos Estados Unidos. O Sul, diante da população em constante crescimento do Norte — como refletia o maior número de parlamentares do Norte na Câmara dos Representantes —, concluiu que a única esperança de manter o poder e o prestígio estava no Senado. Era por esse motivo que a admissão de novos Estados na União — que ameaçava constantemente desestabilizar o equilíbrio precário de poder entre os estados livres e os escravistas, entre as regiões rurais e manufatureiras — representava o tema central de alguns dos grandes debates do Senado durante a primeira metade do século XIX.

Em 1820 foi aprovada uma lei que admitia a entrada do Maine e do Missouri, juntos, na União, sendo um deles livre e o outro escravista, como parte do primeiro grande acordo feito por Henry Clay. Em 1836 e em 1837, Arkansas e Michigan, e em 1845 e em 1846, Flórida e Iowa foram aceitos por meio de leis que os acoplavam. Mas as linhas que costuravam o acordo ficaram prestes a se romper em 1850, quando novos e vastos territórios adquiridos na Guerra do México aceleraram o ritmo da controvérsia sobre a escravidão. Os olhos da nação se voltaram para o Senado, em especial para os três líderes parlamentares de maior talento na história americana: Clay, Calhoun e Webster. Dentre eles, somente Daniel Webster viria a compartilhar com Benton e Houston a ignomínia da raiva do eleitorado e a humilhação de uma queda política pelas mãos dos estados que amavam e defendiam. Estudaremos bem a coragem dos três políticos, mas, se quisermos compreender a época que deu dimensões heroicas a seus feitos, precisamos antes analisar a liderança dos dois grandes senadores que formaram, com Webster, o triunvirato mais formidável que o Senado já conheceu — Henry Clay e John C. Calhoun.

O representante do Kentucky, Henry Clay, era audaz, autocrata, envolvente, de modos impetuosos e dotado de um charme tão insinuante que, certa vez, um oponente se recusou a participar de uma reunião que o sujeitaria aos encantos do Harry do Oeste. Para Abraham Lincoln, "ele era seu ideal de excelência"; para o meio louco e meio gênio John Randolph, de Roanoke, ele era, no que talvez seja a frase mais memorável e perversa na história dos ataques pessoais, "um ser tão brilhante e ao mesmo tempo tão corrupto que, assim como uma cavalinha podre à luz do luar, cintila e fede". Nem mesmo John Calhoun, que o enfrentou por anos, estava imune ao fascínio que ele exercia: "Não gosto de Henry Clay. É um homem mau, um impostor, criador de planos malignos. Eu não dirigiria a palavra a ele, mas, por Deus, como o adoro".

Outros além de John Calhoun o adoravam. Assim como Charles James Fox, Clay amava a vida e tinha um dom inigualável para conquistar e manter os corações de seus concidadãos — e concidadãs. Eleito para o Senado quando ainda não alcançara a idade constitucional dos trinta anos, foi enviado subsequentemente à Câmara, onde, num feito jamais alcançado na história, foi imediatamente eleito como presidente do órgão aos 35 anos.

Ainda que lhe faltassem os recursos intelectuais de Webster e Calhoun, Henry Clay idealizava uma América maior que superava aquela vislumbrada pelos seus colegas. E assim, em 1820, 1833 e 1850, ele introduziu, martelou e cativou, em meio a Congressos relutantes, os três maiores acordos feitos para preservar a União até 1861, quando a força do Norte era tanta que a secessão estava fadada ao fracasso.

O segundo e provavelmente mais extraordinário integrante do triunvirato era John C. Calhoun, da Carolina do Sul, com seus cabelos eriçados e olhos que ardiam como carvão em brasa, "o homem de ferro fundido", segundo a celibatária inglesa Harriet Martineau, "que parecia nunca ter nascido e nunca poderia ser extinto". Calhoun, apesar de tal descrição, de fato nasceu — em 1872, mesmo ano em que Webster e cinco anos após Clay. Tinha um metro e 88; graduou-se na Universidade de Yale, foi membro do Congresso aos 29 anos de idade; um Falcão da Guerra, juntou-se a Henry Clay para conduzir os Estados Unidos à Guerra de 1812; nacionalista, tornou-se regionalista na década de 1820 à medida que as pressões econômicas das tarifas começaram a afetar a economia agrícola da Carolina do Sul. A mente de Calhoun era fria, obstinada, concentrada e poderosa. Webster o considerava "o homem mais capacitado do Senado", na verdade, o maior que já encontrara em toda sua vida pública. "Ele poderia", declarou Webster, "ter demolido Newton, Calvino ou até mesmo John Locke em termos de lógica".

Seus discursos, despojados de qualquer excesso de verborragia, marchavam pelo salão do Senado em colunas uniformes; eram estudados, disciplinados, envolvendo a todos. Estranhamente, embora tivesse a aparência — especialmente no período mais avançado de sua vida — de um lunático, era um homem de charme e personalidade infinitos. Era considerado o melhor orador da Carolina do Sul, conquistando por meio de suas emoções homens que não conseguiam compreender seus argumentos rigorosamente fundamentados. Seu domínio sobre a imaginação e o afeto de todo o Sul aumentava regularmente e, quando faleceu em meio ao grande debate de 1850, o mundo inteiro lamentou a perda.

Calhoun acreditava que a Convenção Constitucional não nacionalizara nosso governo; que os estados soberanos ainda retinham "o direito de decidir (...) quando o Congresso invadia o poder e a liberdade do estado individual".

Como outros sulistas, ele acreditava que a geografia e o clima da região ocidental inviabilizavam que a escravidão prosperasse em muitos dos territórios que desejavam se tornar estados e que somente no Sudoeste poderiam ter a esperança de equilibrar a influência de estados livres ocidentais, obtendo o apoio de novos estados escravistas e de senadores das terras confiscadas do México. O Compromisso Clay de 1850, que buscava conciliar as diferenças entre Norte e Sul quanto ao destino final destas terras, assumiu, assim, uma enorme importância.

Todas as correntes de conflito e desunião, de crescimento e declínio, de força e de fraqueza, chegaram ao clímax em 1850.

Os três principais protagonistas no drama de Washington em 1850 haviam sido colegas no Congresso já em 1813. Naquela época, eram jovens cheios de orgulho, paixão e esperança, e o mundo lhes abria as portas. Agora, quase quarenta anos mais tarde, no anoitecer de suas vidas — já que todos estariam mortos dentro de dois anos — com a juventude e a ilusão perdidas no passado, mais uma vez eles assumiram o centro do palco.

Mas não estavam sozinhos na luta. Nem o senador Thomas Hart Benton nem tampouco Sam Houston sentiram-se diminuídos pelas reputações altaneiras de seus três colegas. Os dois eram verdadeiras lendas e, como ocupavam, respectivamente, os estratégicos estados fronteiriços de Missouri e Texas, era inevitável que a escolha que cada um fizesse, enquanto o país lentamente se separava, afetasse a natureza e o desenlace da disputa no geral.

Que a secessão não tenha ocorrido em 1850 mas sim em 1861 se deveu em grande parte a Daniel Webster, que teve grande responsabilidade em fazer com que o país aceitasse o compromisso de Henry Clay. Os motivos que o levaram a apoiar esse compromisso, as consequências de seu apoio e as calúnias que sofreu serão detalhadas no capítulo três.

Que o importante estado fronteiriço de Missouri não tenha se unido à Confederação em 1861 se deu, em grande parte, pela memória de seu ex-senador, Thomas Hart Benton. Homem algum se doou mais pela preservação da União que o senador Benton. Seus esforços e seu destino serão narrados no capítulo quatro.

O Texas se juntou à Confederação, mas não sem uma disputa que tornou os últimos anos de vida do senador Houston um tormento. Sua história pode ser encontrada no capítulo cinco.

III

Daniel Webster

"(...) *não como um homem de Massachusetts...*
mas como um americano..."

A *noite tempestuosa de 21 de janeiro de 1850 não era a mais apropriada* para um homem doente e de idade avançada estar na rua em Washington. Mas, ora bufando, ora tossindo, Henry Clay abriu caminho em meio aos montes de neve para chegar à casa de Daniel Webster. Ele tinha um plano — um plano para salvar a União —, e sabia que precisava do apoio do mais renomado orador e estadista do Norte. Clay sabia que não tinha tempo a perder, pois naquela mesma tarde o presidente Taylor, numa mensagem ao Congresso que pleiteava a aceitação da Califórnia como estado livre, botara mais lenha na fogueira que ameaçava consumir a União. "Por que o presidente não mencionara o Novo México?", perguntava o Norte. "E quanto à aplicação da Lei do Escravo Fugitivo?", questionava o Sul. "E o comércio de escravos no distrito de Columbia, Utah, nas fronteiras do Texas?" Os ânimos se exaltavam, tramas se desenrolavam, a desunião se espalhava por todos os cantos.

Mas Henry Clay tinha um plano — o plano de outro Grande Compromisso para preservar a nação. Por uma hora ele expôs suas ideias a Daniel Webster no aconchego do confortável lar deste último, e juntos conversaram sobre salvar a União. Poucos encontros na história americana foram tão produtivos ou irônicos em suas consequências. O Compromisso de 1850 acrescentou à guirlanda de Henry Clay o adorno de Grande Pacificador, mas o apoio de Daniel Webster, que garantiu o sucesso da empreitada, resultou em sua crucifixão política, e por meio século ou mais, sua condenação histórica.

O homem a quem Henry Clay recorreu naquela noite gélida foi uma das figuras mais extraordinárias da história política americana. Daniel Webster é um nome familiar a muitos de nós hoje em dia por ter lutado contra o diabo pela alma de Jabez Stone na história de Stephen Vincent Benét. Mas, durante sua vida, ele travou diversas batalhas contra o diabo para salvar a própria alma — e perdeu algumas delas. Webster, escreveu um de seus amigos mais próximos, era uma "combinação de força e fraqueza, pó e divindade", ou, nas palavras de Emerson, "um grande homem com uma ambição pequena".

Não havia como duvidar de que era um grande homem: tinha a aparência de um, falava como um, era tratado como um e insistia que era um. Com todos seus defeitos e falhas, Daniel Webster foi indiscutivelmente a figura mais talentosa de nosso Congresso em toda a história. Não por sua capacidade de conquistar homens para sua causa — ele não era páreo para Henry Clay nessa área; não por sua capacidade de debater sobre uma filosofia de governo, e Calhoun era mais brilhante nesse sentido —, mas pela capacidade de dar vida e grandeza ao senso latente de unicidade, de União, que todos os americanos sentiam, mas que poucos conseguiam expressar.

E como Daniel Webster conseguia expressá-lo! Como conseguia expressar quase todos os sentimentos! Desde que seu primeiro discurso no Congresso, atacando a Guerra de 1812, atraíra a atenção da Câmara dos Representantes como nenhum novato jamais fizera antes, ele se tornou o maior orador de sua época — na verdade, de todos os tempos — no Congresso, diante de aglomerados de pessoas em Massachusetts e como advogado na Suprema Corte. Alega-se que o austero Chefe de Justiça Marshall ficou visivelmente comovido pela famosa defesa de Webster no caso do Dartmouth College: "Trata-se, senhor, como falei, de uma universidade pequena, mas ainda assim existem aqueles que a amam". Depois de seu discurso sobre o 200º aniversário da fundação da colônia de Plymouth, um jovem intelectual de Harvard escreveu:

> Discursos públicos jamais haviam me animado antes disso. Por três ou quatro vezes pensei que minha têmpora fosse estourar pelo ímpeto do sangue atravessando minhas veias... Fui às alturas e ainda estou lá.

E a grandiloquência de sua resposta ao senador Hayne, da Carolina do Sul, quando a secessão representara uma ameaça vinte anos antes, tornou-se um grito de guerra nacional memorizado por todos os jovens: "Liberdade e União, agora e para sempre, únicos e inseparáveis!".

Falando lentamente num ritmo que mal alcançava uma média de cem palavras por minuto, Webster combinava o charme musical de sua voz profunda como um órgão, uma imaginação vívida, a habilidade de esmigalhar seus oponentes com uma saraivada de fatos, o modo de falar confiante e calculado e uma aparência notável para fazer de seus discursos ímãs capazes de atrair multidões às pressas para a câmara do Senado. Suas falas eram preparadas com o máximo de cuidado, mas raramente ele as registrava no papel. Dizia-se que era capaz de formular um discurso frase por frase, corrigi-las na cabeça sem as escrever, e depois apresentá-lo exatamente como havia imaginado.

Certamente a aparência notável era metade do segredo de sua força, convencendo a todos que olhavam em seu rosto que era um homem nascido para governar. Embora tivesse menos de um metro e oitenta, o corpo esguio, contrastando com a envergadura dos ombros, lhe rendia uma presença teatral, mas imponente. Mas era a mente extraordinária que seus contemporâneos consideravam memorável, com as características que Carlyle descreveu para que todos lembrassem: "A pele bronzeada, o rosto escarpado e amorfo, os olhos negros opacos sob o precipício das sobrancelhas, como fornalhas de antracito sem vida à espera de um sopro; a boca de mastim precisamente cerrada". Um de seus contemporâneos classificou Webster como "uma mentira viva, pois nenhum homem no mundo podia ter a grandeza que ele aparentava".

E Daniel Webster não era tão grande quanto aparentava ser. Sua maior falha era a incapacidade de desenvolver seus sensos morais com a mesma precisão que seus outros dons. Ele não via nada de errado em escrever ao presidente do Banco dos Estados Unidos, no exato momento em que o Senado debatia sobre a renovação da licença do banco, dizendo: "meu adiantamento não foi depositado ou lembrado, como sempre". Mas Webster aceitava favores não como presentes, mas sim como uma justa compensação por serviços prestados. Quando tentou renunciar ao Senado em 1836 para recuperar perdas especulativas exercendo a advocacia, seus amigos empresários de Massachusetts se juntaram para pagar suas dívidas e mantê-lo no cargo. Mesmo em seu leito de morte, segundo diz a lenda, alguém bateu à sua porta, e um maço considerável de dinheiro foi arremessado para dentro por um senhor de idade, que disse: "Em tempos como este, não pode faltar dinheiro nesta casa".

Webster aceitava tudo e ainda mais. O difícil de compreender é que ele não via nada de errado nisso — fosse do ponto de vista moral ou de qualquer outro. É provável que acreditasse receber bem menos do que merecia e nunca lhe passou pela cabeça que fora por livre escolha que vendera seus serviços e talentos, por mais extraordinários que fossem, ao povo dos Estados Unidos, e a ninguém mais, quando recebia seu salário de senador. Mas o apoio de Webster aos interesses comerciais da Nova Inglaterra não se devia ao dinheiro que obtinha, mas sim a suas convicções pessoais. O dinheiro tinha pouco valor para ele, exceto como um meio de satisfazer seus gostos peculiares. Ele não chegou a acumular uma fortuna. Nunca esteve livre das dívidas e nunca perdeu o sono por seu status de devedor. Às vezes Webster pagava, e sempre o fazia quando lhe era conveniente, mas como disse Gerald W. Johnson, "infelizmente ele às vezes pagava com a moeda errada, não em dinheiro vivo, mas com a confiança que as pessoas depositavam nele".

Mas, apesar de seus defeitos, Daniel Webster ainda foi o maior orador de sua época, o principal membro da Ordem dos Advogados, um dos mais célebres líderes do Partido Whig e o único senador capaz de colocar Calhoun em seu lugar. Por esses motivos, Henry Clay sabia que precisava dos extraordinários talentos de Webster em nome de seu

Grande Compromisso. O tempo e os acontecimentos que se seguiram provaram que ele estava certo.

Enquanto Daniel, como um deus, ouvia tudo em silêncio, o adoentado Clay explicava seu último grande plano para a manutenção da União. Seus principais pontos eram cinco: (1) a Califórnia deveria ser aceita como um estado livre (não escravista); (2) o Novo México e Utah deveriam ser classificados como territórios sem legislação pró ou contra a escravidão, indo assim diretamente de encontro à amplamente debatida Cláusula Wilmot, que pretendia proibir a escravidão nos novos territórios; (3) o Texas deveria ser compensado pelo território que cederia ao Novo México; (4) o comércio de escravos seria abolido no distrito de Columbia; e (5) uma Lei do Escravo Fugitivo mais rigorosa e aplicável deveria ser decretada, de modo a assegurar a devolução aos senhores dos escravos fugitivos capturados nos estados do Norte. O compromisso seria criticado pelos extremistas do Sul como uma tentativa de conciliação, principalmente em função da primeira e da quarta propostas; e pelos abolicionistas do Norte, que o definiram como 90% de concessões ao Sul e apenas uma migalha de 10% reservada ao Norte, em especial por causa da segunda e da quinta propostas. Poucos nortistas toleravam qualquer tipo de reforço à Lei do Escravo Fugitivo, a medida mais odiada — e até que surgisse a Lei Seca, a mais descaradamente desobedecida — já aprovada pelo Congresso. Massachusetts chegou até a decretar uma lei que classificava como crime a aplicação das propostas da Lei do Escravo Fugitivo naquele estado!

Como poderia, então, Henry Clay ter esperança de fazer Daniel Webster, de Massachusetts, aprovar um plano como aquele? Ele não era visto especificamente como um grande inimigo da escravidão e apoiador da Cláusula Wilmot? Fazia parte de seu discurso ao Senado no Debate de Oregon:

> Hei de me opor a toda escravidão e a todo aumento do número de escravos em todos os lugares, a todo o tempo, sob todas as circunstâncias, até mesmo contra todas as induções, contra todas as supostas limitações dos grandes interesses, contra todas as combinações, contra todas as concessões.

Naquela mesma semana ele escrevera a um amigo: "Desde os primórdios da minha juventude, sempre vi a escravidão como um grande mal político e moral (...) Não temas, pois não hei de votar a favor de qualquer concessão ou farei qualquer coisa incoerente com o passado".

No entanto, Daniel Webster temia que a violência civil "apenas apertaria com mais força as correntes da escravidão". E preservar a União lhe era algo muito mais importante do que sua oposição à escravidão.

E, assim, naquela noite fatídica de janeiro, Daniel Webster prometeu a Henry Clay seu apoio condicional, fazendo um inventário da crise ao seu redor. De início ele compartilhou a visão de críticos e historiadores que desdenharam da possibilidade de secessão em 1850. Mas ao falar com os líderes sulistas e observar "a condição do país", concluiu que "as consequências inevitáveis, se deixarmos as controvérsias existentes em aberto, seria uma Guerra Civil". "Estou quase esgotado de tanto trabalho e preocupação", escreveu ele ao filho. "Não sei como lidar com a emergência atual, ou que armas usar para combater as loucuras do Norte e do Sul que agora ardem na mesma medida (...) Estou desanimado e com pouca coragem."

Em 1850, dois grupos ameaçavam se separar dos Estados Unidos da América. Na Nova Inglaterra, Garrison proclamava publicamente: "Sou um abolicionista e, portanto, a favor da dissolução da União." Uma assembleia geral dos abolicionistas do Norte declarou que "a Constituição é um pacto com a morte e um acordo com o inferno". No Sul, Calhoun escrevia a um amigo em fevereiro de 1850: "A desunião é a única coisa que nos resta". E em seu último grande pronunciamento ao Senado, lido por outrem em 4 de março, apenas algumas semanas antes de sua morte, enquanto assistia sentado por estar fragilizado demais para discursar, ele declarou: "O Sul será forçado a escolher entre a abolição e a secessão".

Uma convenção preliminar de sulistas, também instigada por Calhoun, clamava por uma convenção em plena escala do Sul em Nashville, a ser realizada em junho daquele fatídico ano, para popularizar a ideia da dissolução.

Era o momento certo para a secessão, e poucos estavam preparados para defender a União. Até mesmo Alexander Stephens, da Georgia, ávido em preservá-la, escreveu a amigos no Sul que viam com bons olhos suas ideias dizendo que "o sentimento entre os membros do Sul a favor de uma dissolução da União está se generalizando. Homens que há doze meses mal se permitiam pensar nesta possibilidade agora começam a falar sobre a questão de maneira séria... A crise não está longe... Um desmembramento desta república é algo que agora considero inevitável".

Durante o mês crítico que precedeu o discurso de Webster, seis estados do Sul, que acabariam se separando dez anos depois, aprovaram os objetivos da Convenção de Nashville e nomearam representantes. Horace Greeley escreveu em 23 de fevereiro:

> Há sessenta membros do Congresso que no dia de hoje desejam e tramam a ideia de uma dissolução da União. Não temos dúvida de que a Convenção de Nashville acontecerá e que o principal propósito de seus autores é a separação dos estados escravistas... com a formação de uma confederação independente.

Era esse o perigoso estado da nação nos primeiros meses de 1850.

Ao fim de fevereiro, o senador de Massachusetts já decidira que caminho trilharia. Somente o Compromisso Clay, concluíra Daniel Webster, poderia prevenir a secessão e uma guerra civil. Numa carta a um amigo, escreveu que planejava "fazer um discurso sincero e verdadeiro e um discurso pela União, libertando sua consciência". Quando começou a trabalhar em suas anotações, recebeu inúmeros avisos sobre os ataques que sua mensagem provocaria. Seus eleitores e os jornais de Massachusetts o advertiram fortemente a não vacilar em sua consistente posição antiescravidão, e muitos insistiram para que ele empregasse um tom ainda mais ríspido contra o Sul. Mas o senador de Massachusetts já havia tomado a decisão, como disse a amigos em 6 de março, de "colocar o barco no mar sozinho". Ele agiria de acordo com a convicção com a qual desafiara o Senado muitos anos antes:

> Incoerências de opinião provenientes de mudanças nas circunstâncias normalmente podem ser justificadas,

> mas existe um tipo de incoerência que pode ser culpada: a incoerência entre a convicção de um homem e seu voto, entre sua consciência e sua conduta. Homem algum jamais poderá me acusar de uma incoerência desse tipo.

E assim chegou o dia 7 de março de 1850, o único na história que acabaria por batizar o título de um discurso feito no salão do Senado. Ninguém se lembra hoje — ninguém lembrava mesmo em 1851 — do título formal que Webster dera a ele, tornando-se tão conhecido como o discurso do "Sete de Março" quanto o Dia da Independência é conhecido como o Quatro de Julho.

Percebendo, após meses de insônia, que aquele talvez pudesse ser o último esforço que sua saúde permitiria, Webster encontrou energia para o discurso com o auxílio de óxido de arsênico e outras drogas, e dedicou a manhã a fazer os ajustes finais em suas anotações. Foi interrompido pelo sargento de armas, que animado lhe contou que já naquele instante — duas horas antes da reunião do Senado — a câmara, as galerias, as antessalas e até mesmo os corredores do Capitólio estavam apinhados de gente que viajara por dias, vindos de todos os cantos da nação, para ouvir Daniel Webster falar. Muitos diplomatas estrangeiros e a maior parte da Câmara dos Representantes estavam entre aqueles que competiam por um lugar. Quando o Senado se reuniu, seus integrantes mal conseguiram chegar a suas cadeiras em meio à multidão de espectadores e assentos temporários, formados por documentos públicos empilhados um em cima do outro. A maioria dos senadores cedeu o lugar às damas e ficou de pé nas alas esperando pelo lance inicial de Webster.

Quando o vice-presidente deu início à sessão, o senador Walker, de Wisconsin, que se apresentara ao salão para terminar um discurso iniciado no dia anterior, disse ao presidente do Senado que "este enorme público não veio aqui para me ouvir, e só existe um homem capaz de reunir tanta gente. Eles querem ouvi-lo, e sinto que é meu dever, assim como uma satisfação, ceder o salão ao senador de Massachusetts".

A multidão ficou em silêncio quando Daniel Webster lentamente se colocou de pé, com toda a força de sua aparência física extraordinária — os grandes olhos negros e melancólicos, a pele esplendidamente bronzeada, a testa majestosa e abobadada —, despertando a mesma admiração que despertava há mais de trinta anos. Vestido em seu famoso fraque azul com botões de bronze, um colete de couro de búfalo e calções até o joelho, ele deliberadamente parou por um momento e examinou a maior reunião de senadores que já ocorrera naquele salão — Clay, Benton, Houston, Jefferson Davis, Hale, Bell, Cass, Seward, Chase, Stephen A. Douglas e outros. Mas faltava um rosto — o do enfermo John C. Calhoun.

Todos os olhos estavam voltados para o orador; nenhum espectador, exceto o próprio filho, sabia o que ele iria dizer. "Nunca antes", escreveu um correspondente de jornal, "testemunhei uma ocasião que despertasse uma emoção tão profunda ou uma ansiedade generalizada para captar o eco mais distinto da voz do orador".

Em seus momentos de magnífica inspiração, Webster era, como Emerson o descreveu, realmente "o grande canhão que disparava pela boca". Evocando pela última vez sua fascinante capacidade oratória, ele abandonou sua oposição à escravidão nos territórios, abandonou a aversão de seu eleitorado à Lei do Escravo Fugitivo, abandonou seu próprio lugar na história e nos corações de seus conterrâneos e abandonou sua última chance de alcançar o objetivo que lhe escapara por mais de vinte anos: a presidência. Daniel Webster preferiu pôr em risco a carreira e a reputação a pôr em risco a União.

"Senhor presidente", começou ele, "gostaria de me pronunciar hoje, não como um homem de Massachusetts, não como um homem do Norte, mas como um americano e um membro do Senado dos Estados Unidos (...) Hoje falarei em prol da preservação da União. Ouçam a minha causa".

Ele começara a falar havia pouco tempo quando a figura descarnada e corcunda de Calhoun, envolta num capote negro, foi conduzida de maneira dramática a sua cadeira, onde se sentou, tremendo, quase incapaz de se mover, sem que o orador notasse sua presença. Depois que Webster lamentou inúmeras vezes a ausência do senador da Carolina do Sul por motivo de doença, Calhoun fez um esforço para se levantar, agarrando-se aos braços da poltrona, e num tom de voz claro e fantasmagórico anunciou com orgulho: "O senador da Carolina do Sul está em sua cadeira". Webster ficou comovido, e com lágrimas nos olhos fez uma reverência a Calhoun, que afundou no assento, exausto e frágil, olhando para o orador de Massachusetts com uma expressão de esfinge que não revelava qualquer sinal de aprovação ou desaprovação.

Por três horas e onze minutos, com apenas algumas referências a suas vastas anotações, Daniel Webster defendeu a causa da União. Relatando as queixas de ambas as partes, ele rogou por conciliação e compreensão em nome do patriotismo. A principal preocupação do Senado, insistiu ele, não era promover ou abolir a escravidão, mas sim preservar os Estados Unidos da América. E com uma lógica impressionante e uma visão notável, atacou duramente a ideia de uma "secessão pacífica":

> Senhores, os seus olhos e os meus não estão destinados a testemunhar um milagre como este: o desmembramento deste vasto país sem uma convulsão social! Quem seria tão ingênuo (...) a ponto de esperar algo do gênero? (...) Em vez de falarmos sobre a possibilidade ou a utilidade da secessão, em vez de entrarmos naquelas escuras cavernas (...) vamos desfrutar do ar livre da liberdade e da união (...) Vamos fazer de nossa geração um dos elos mais fortes e cintilantes naquela corrente dourada destinada, acredito piamente, a reunir os povos de todos os estados sob esta Constituição por muitas e muitas eras.

Nem um só aplauso foi ouvido. Zumbidos e sussurros de surpresa, sim, mas nenhum aplauso. Talvez sua audiência estivesse concentrada demais — ou perplexa demais. Um repórter correu para o escritório dos telégrafos. "O sr. Webster assumiu uma grande responsabilidade", informou a seu jornal, "e seja ele bem ou malsucedido, a coragem com a qual se pronunciou lhe garante, no mínimo, o respeito deste país".

Daniel Webster foi bem-sucedido. Embora seu discurso tenha sido repudiado por muitos no Norte, o fato de que uma pessoa que representava uma Constituição tão beligerante pedisse por compreensão em nome da unidade e do patriotismo foi reconhecido em Washington e por todo o Sul como uma garantia inequívoca dos direitos sulistas.

Apesar da intransigência do próprio Calhoun, seu *Mercury*, jornal de Charleston, elogiou o discurso de Webster, qualificando-o como "nobre em sua linguagem, generoso e conciliatório no tom. A exposição clara e poderosa do sr. Calhoun teria uma espécie de efeito decisivo se não fosse logo seguida pelo desempenho magistral do Sr. Webster". O *Picayune* de Nova Orleans aclamou Webster pela "coragem moral de fazer o que considera justo e necessário para a paz e a segurança do país".

E assim o risco de uma secessão e de um derramamento de sangue imediatos se passou. Como destacou o senador Winthrop, o discurso de Webster "desarmou e acalmou o Sul e deu uma surra na Convenção de Nashville". O *Journal of Commerce* afirmaria meses mais tarde que "Webster fez mais que qualquer outro homem no país inteiro, colocando em risco sua popularidade pessoal para interromper e reverter a enxurrada de regionalismo que, em 1850, ameaçou derrubar os pilares da Constituição e da União".

Alguns historiadores — particularmente aqueles que escreveram na segunda metade do século XIX sob a influência da sinceridade moral dos articulados adversários abolicionistas de Webster — não concordaram com Allan Nevins, Henry Steele Commager, Gerald Johnson e outros, que exaltaram o discurso do Sete de Março como "o mais alto nível de estadismo (...) o último grande serviço de Webster à nação". Muitos negam que a secessão teria ocorrido em 1850 sem tais compromissos; e outros sustentam que eventos subsequentes provaram que a vindoura secessão seria inevitável independentemente de que concessões fossem feitas. Mas há também quem insista que adiar a guerra por dez anos restringiu os problemas entre Norte e Sul e que, a longo prazo, ajudou a preservar a União. O espírito de conciliação no discurso de Webster deu ao Norte a honrada sensação de ter tentado de todos os jeitos tratar o Sul com justiça, e os defensores da União estabeleceram, assim, um elo mais sólido contra o que viram como violações sulistas daqueles compromissos dez anos mais tarde. Até mesmo segundo a ótica militar do Norte o adiamento da batalha por dez anos permitiu que os estados nortistas aumentassem, consideravelmente, sua vantagem em termos de população, poder de voto, produção e vias férreas.

Indubitavelmente, muitos dos apoiadores de Webster compreenderam isso, incluindo os homens de negócio e profissionais de Massachusetts, que ajudaram a distribuir centenas de milhares de cópias do discurso do Sete de Março por todo o país. Daniel Webster também compreendeu, dedicando as cópias impressas ao povo de Massachusetts com as seguintes palavras: "A necessidade me obriga a dizer a verdade no lugar de coisas agradáveis (...) eu gostaria de verdade de poder agradar-vos; mas prefiro vos salvar, seja qual for vossa atitude a meu respeito".

Mas não foi assim compreendido pelos abolicionistas e pelos membros do Partido Solo Livre de 1850. Poucos políticos tiveram a distinção de serem açoitados por eleitores de tanto talento. O reverendo Theodore Parker, indiferente aos perigos da secessão, vangloriava-se de ter abrigado um escravo fugitivo em seu sótão e de escrever seus sermões com uma espada ao lado do tinteiro e uma pistola na mesa, "carregada e pronta para me defender", como afirmou. De seu púlpito, criticou Webster implacavelmente, num ataque que continuaria mesmo após a morte deste. "Nenhum homem vivo jamais fez tanto", bradou, "para desmoralizar a consciência da nação (...) Não conheço ato algum na história americana realizado por um filho da Nova Inglaterra ao qual possa comparar o que ele fez, a não ser pela atitude de Benedict Arnold". "Webster", afirmou Horace Mann, "é uma estrela cadente! O Lúcifer descendo do Paraíso!". Longfellow perguntou ao mundo: "Será possível? É esse o titã que moveu montanhas em Hayne anos atrás?". E Emerson proclamou que "cada gota de sangue nas veias daquele homem é dotada de olhos voltados para baixo (...) A ausência de discernimento moral por parte de Webster é degradante à nação". Para William Cullen Bryant, Webster era "um homem que desertara a causa que defendia, e a desertou sob circunstâncias que impõem sobre ele a acusação de um motivo sórdido". E para James Russell Lowell, ele era "o homem mais mesquinho, tolo e traiçoeiro de quem já ouvira falar".

Charles Sumner, que seria promovido ao Senado depois da saída de Webster, acrescentou o nome do senador de Massachusetts à "lista negra dos apóstatas. A elaborada traição do sr. Webster contribuiu, mais que qualquer outra coisa, para a destruição do Norte". O senador William H. Seward, a brilhante "consciência" do Partido Whig, chamou Webster de "traidor à causa da liberdade". Uma reunião em massa no Faneuil Hall classificou o discurso como "indigno de um estadista sábio e de um homem bom", e decidiu que "com ou sem Constituição, com ou sem lei, não permitiremos que um escravo fugitivo seja levado do estado de Massachusetts". Ao passo que a Assembleia Legislativa de Massachusetts decretava novas resoluções completamente contrárias ao espírito do discurso do Sete de Março, um membro chamou Webster de "filho infiel de Massachusetts que desonra o estado no Senado"; e outro afirmou que "Daniel Webster será um homem de sorte se Deus, do alto de sua piedade, preservar sua vida por tempo o suficiente para que ele se arrependa de seu ato e apague essa mancha sobre seu nome".

O *Courier* de Boston declarou que "não conseguira encontrar qualquer membro nortista do Partido Whig presente no Senado que concordasse com o sr. Webster"; e seu velho defensor, o *Atlas* de Boston, afirmou: "Suas ideias são diferentes das nossas e, arriscamos dizer, dos Whigs da Nova Inglaterra"; o *Tribune* de Nova York considerou o discurso "inadequado à ocasião e indigno de seu autor"; o *Evening Post* de Nova York falou de um "recuo traiçoeiro (...) um homem que desertou da causa que há muito defendia"; e a imprensa abolicionista denunciou "a infâmia escarlate de Daniel Webster (...) Um discurso indescritivelmente baixo e perverso".

Edmund Quincy falou com indignação da "crueldade inefável do leão transformado em servo, que bajulava os amos cujas mãos ele lambia em busca do chouriço imundo que podiam jogar para ele". E, por fim, o nome de Daniel Webster foi humilhado por toda a eternidade na literatura norte-americana por meio das palavras mordazes do normalmente afável John Greenleaf Whittier em seu poema imortal, "Ichabod":

Tão por terra! tão perdido! sem a luz
que outrora vestiste!
A glória de seus grisalhos cabelos
Não mais existe!...

De tudo o que amávamos e honrávamos, despido
Apenas o poder segue em frente;
O orgulho dos pensamentos de um anjo caído
Ainda preso à corrente...

Então faça reverência ao passado
À sua fama hoje sem vida;
Ande para trás, olhando para o lado,
Com a vergonha escondida!

Anos mais tarde, Whittier recordaria ter escrito esse poema ácido "num dos momentos mais tristes" da sua vida. E para Daniel Webster, o gigante prepotente e desdenhoso que julgava estar acima do rancor político, o ataque de Whittier foi especialmente duro. De certa maneira ele tentara não dar ouvidos a quem o atacava, declarando que esperava pelas calúnias e injúrias, em especial por parte dos abolicionistas e intelectuais que antes o haviam menosprezado, assim como George Washington e outros que antes dele também sofreram com as ofensas. Para aqueles que clamavam por uma resposta imediata, ele simplesmente contava a história do velho diácono que se encontrava numa situação similar à dele e dizia aos amigos: "Tenho por regra esperar que a neve pare de cair para começar a limpar o caminho".

Mas Webster ficou entristecido pelo fato de nem um membro do Partido Whig da Nova Inglaterra ter saído em sua defesa, e declarou que estava

> envolto em uma controvérsia na qual não tenho líder ou seguidor nem mesmo entre meus amigos mais próximos (...) Estou cansado de ficar aqui, quase isolado de Massachusetts, brigando por medidas práticas absolutamente essenciais ao bem do país (...) Por cinco meses (...) nenhum dos meus colegas manifestou a mais leve concordância com os meus sentimentos (...) Desde o Sete de Março não houve uma só hora em que não senti o esmagador peso da inquietação. Não me sentei para o café da manhã ou para o jantar trazendo comigo uma mente tranquila e despreocupada.

Mas por mais que buscasse explicar seus objetivos e reassegurar os amigos de sua posição ainda contrária à escravidão, ele ainda insistia que

> sustentaria a tese de meu discurso até o fim (...) Se necessário for, discursarei em cada cidadezinha da Nova Inglaterra (...) O que virá da atual comoção na mente dos homens não posso prever; mas minhas próprias convicções de dever são firmes e fortes, e hei de continuar a seguir essas convicções sem hesitar (...) Em momentos de alta agitação é sempre mais fácil abanar e alimentar o fogo da discórdia do que apagá-lo; e os que pregam pela moderação se expõem ao risco de serem vistos como desleais a seus partidos.

No ano seguinte, apesar de seus setenta anos, Webster saiu em longas excursões para defender sua posição: "Se houver uma chance em mil de que a Guerra Civil exploda, eu ainda acreditaria que esta parcela de um milionésimo deveria ser combatida, não importa que sacrifício tenha de ser feito". Quando seus esforços — e os de Clay, Douglas e outros — em nome do compromisso acabaram sendo bem-sucedidos, ele declarou sarcasticamente que agora muitos de seus colegas sustentavam que "sempre tiveram a intenção de defender a União com todas as forças".

Mas Daniel Webster estava fadado à decepção se acreditava que seu apoio latente o ajudaria na luta pela presidência. Seu discurso destruíra de maneira tão absoluta essa possibilidade que nem mesmo a popularidade reconquistada de sua posição seria capaz de satisfazer as grandes massas de eleitores na Nova Inglaterra e no Norte. Ele não poderia ser nomeado presidente como há tanto desejava; nem tampouco conseguiu desmentir a afirmação — que não apenas foi expressa pelos críticos da época, mas posteriormente também por inúmeros historiadores do século XIX — de que seu verdadeiro objetivo no discurso do Sete de Março seria tentar obter o apoio do Sul na campanha presidencial.

Mas esse "egoísmo profundo" que o discurso representava, conforme acreditava piamente Emerson, não poderia fazer parte das motivações de Daniel Webster. "Se estivesse voltado à campanha presidencial", apontou o professor Nevins "ele teria polido suas frases e inserido palavras ambíguas em seu discurso sobre o Novo México e os escravos fugitivos. A primeira precaução de qualquer aspirante a presidente é garantir seu próprio estado e sua região; e Webster sabia que seu discurso despertaria críticas que ecoariam do Monte Mansfield ao Farol de Monomoy".[6] Ademais, Webster tinha astúcia política o suficiente para saber que um partido dividido como o seu se afastaria de figuras politicamente controversas e se voltaria para algum indivíduo neutro, princípio esse aplicado consistentemente até hoje. E a Convenção Whig de 1852 seguiu exatamente esse caminho. Após a eleição pró-compromisso ter se dividido entre Webster e o presidente Fillmore por 52 votos, a convenção acabou nomeando o popular general Winfield Scott. Nem um só Whig do Sul apoiou Webster. E quando os Whigs de Boston insistiram para que a plataforma do partido assumisse o crédito pelo Compromisso Clay, sobre o qual afirmaram, "Daniel Webster, com a cooperação de Henry Clay e de outros grandes estadistas, foi o autor", o senador Corwin, de Ohio, teria comentado sarcasticamente: "E eu, com a cooperação de Moisés e de alguma ajuda extra, escrevi os Dez Mandamentos".

E assim Daniel Webster, que não poderia ter formulado seu discurso como forma de aumentar sua popularidade política e tampouco permitiria que suas ambições debilitassem seu apelo em prol da União, morreu decepcionado e desestimulado em 1852, com os olhos fixos na bandeira tremulando no mastro do veleiro que ancorara diante da janela de seu quarto. No entanto, ele se manteve fiel a si próprio até o fim, afirmando, em seu leito de morte: "Mulher, filhos, doutor, acredito até este momento nunca ter dito algo indigno de Daniel Webster". E até o fim se manteve fiel à União e a seu maior ato de princípio e coragem; pois em suas últimas palavras ao Senado, Webster escrevera seu próprio epitáfio:

> Manter-me-ei do lado da União (...) com total indiferença às consequências pessoais. O que são consequências pessoais (...) em comparação ao bem ou ao mal que pode recair sobre um grande país numa crise como essa? (...) Que as consequências venham do jeito que vierem, não me importo. Nenhum homem sofreu demais, e nenhum homem caiu cedo demais, caso ele tenha sofrido ou caído defendendo as liberdades e a Constituição de seu país.

[6] Pontos extremos da região conhecida como Nova Inglaterra. [N.T.]

IV

Thomas Hart Benton

"Desprezo a popularidade que vem dentro de uma bolha..."

"*Sr. presidente, meu senhor (...)", começava um senador corpulento de* cabelo preto a um salão quase vazio em 1850. Os que ali permaneceram, incluindo um senador agitado que acabara de chamar o orador de irascível, viram seus grandes músculos se retesarem e seus ombros largos enrijecerem, e ouviram sua voz dura e fria arranhar as palavras "meu senhor" como um dardo envenenado projetado de sua cabeça enorme e romanesca.

"Sr. presidente, meu senhor (...) eu nunca discuto, meu senhor. Mas às vezes eu brigo, meu senhor; e quando eu brigo, meu senhor, o resultado é um funeral, meu senhor."

Ninguém viu aquilo como uma bravata vazia por parte do senador de Missouri, Thomas Hart Benton. Era verdade que ele não matara nenhum outro homem desde sua juventude em St. Louis, quando um promotor público teve o infortúnio de desafiar o missouriano impolido para um duelo (a menos de três metros!). Mas o Senado inteiro sabia que Thomas Hart Benton era um sujeito briguento dentro e fora do salão de debates — agora não mais com pistolas, mas valendo-se de um sarcasmo pungente, uma oratória injuriosa, porém erudita e de debates acalorados. Benton era imune às feridas das colisões políticas das quais seus adversários saíam sangrando e castigados. Seu enorme ego e sua saúde vigorosa o deixaram mental e fisicamente calejado. A textura de sua pele parecia couro e era, em parte, resultado de uma escovação diária com uma escova de crina de cavalo "porque, meu senhor, os gladiadores romanos a usavam, meu senhor". Quando perguntado se a escova era áspera de verdade, ele vociferava: "Ora, meu senhor, se eu o tocasse com aquela escova, meu senhor, o senhor me chamaria de assassino, meu senhor!".

Mas agora, alcançando a marca de trinta anos no Senado com seu mandato mais recente, Benton vinha sendo atacado em sua última grande luta — e dessa vez o funeral político seria o seu. De 1821 a 1844 ele reinara supremo como o mandachuva da política de Missouri, sendo o primeiro senador do estado e seu ídolo mais adorado. Nas palavras de um de seus oponentes, "decretava a própria morte política aquele que levantasse um só sussurro contra o 'velho Barra de Ouro'". O apelido vinha da posição de Benton a favor do uso de moedas ou barras de ouro. Embora inexperiente na política, defensor constante de questões impopulares em seu estado e cada vez mais desconectado dos políticos mais jovens, Benton nem precisava pedir para ser reeleito durante aquele período encantado. O fato de desdenhar de patrocínios, das tramoias mesquinhas do Congresso e de favores de lobistas pode ter incomodado os políticos, mas não o povo do Missouri! Candidatos democratas à Assembleia Legislativa do Missouri tinham de se comprometer a votar pela reeleição de Benton se quisessem evitar a humilhação de serem derrotados em suas próprias campanhas. Primeiro senador a servir por trinta anos consecutivos, Thomas Hart Benton alcançou uma proeminência que nenhum outro senador de um estado podia reivindicar e defendia o Oeste com uma força sem limites, a qual nenhum candidato rival conseguia equiparar. O Pony Express[7] a linha do telégrafo e as estradas para o interior figuravam, orgulhosamente, entre seus feitos — e uma linha férrea transcontinental e um Oeste completamente desenvolvido, rico em população e recursos estavam entre seus sonhos. Derrotar Benton, pai do Senado e defensor do povo? "Ninguém faz frente a Benton, meu senhor", bramia ele.

[7] Correio expresso que levava as correspondências a cavalo. [N.T.]

"Ninguém a não ser alguns advogados caipiras; esses são os únicos oponentes de Benton. Benton e o povo, Benton e a democracia são um só, meu senhor; são termos sinônimos, meu senhor, termos sinônimos."

Mas em 1844, os sinais de uma derrota inevitável já apareciam no horizonte. Missouri, um estado escravista, aos poucos foi sentindo que seu compromisso deveria ser para com os estados-irmãos do Sul e começou a olhar com uma desconfiança cada vez maior para seu senador rebelde, cuja lealdade primária não era ao seu partido ou sua região, mas sim à União pela qual lutara — no campo de batalha e no Congresso — e à independência ideológica pela qual se empenhara em lutar, dentro e fora dele. Sua dedicação à União era muito maior que sua dedicação ao Sul ou ao Partido Democrata. Seus oponentes declaravam que Benton dissera na Convenção Nacional Democrata de 1844 que se preparava para abandonar Van Buren e que "preferia ver o Partido Democrata afundar cinquenta braças no meio do fogo do inferno a entregar uma unha do sr. Van Buren".

Quando teve início em 1844 a campanha para a legislatura que consideraria sua reeleição, Benton rompeu bruscamente com seu partido e com seu estado ao arquitetar a derrota do tratado para a anexação do Texas. Convencido de que o tratado era uma armadilha engendrada por Calhoun, que não considerava os direitos ou a resistência dos mexicanos, e por razões políticas, escravistas e secessionistas, Benton — que na verdade apoiava a expansão a Oeste sob a base nacionalista da "doutrina do destino manifesto" — estava dando a seus inimigos políticos a oportunidade de atacá-lo abertamente. O Tratado do Texas era popular no Missouri, apesar de Benton afirmar não saber se seus eleitores realmente eram contrários à sua posição:

> Se fossem, e eu soubesse, entregaria meu cargo; pois não poderia violar a vontade declarada deles ao votar contra o tratado, nem tampouco violar meu dever moral ao votar a favor. Se a alternativa fosse a extinção de minha vida política, eu teria de aceitá-la.

Rotulado de traidor por seu partido e por sua região, e de aliado dos Whigs e dos britânicos, Benton perdeu abertamente o apoio de candidatos proeminentes para a Assembleia Legislativa do Missouri e ficou sujeito a todos os tipos de ataques pessoais — não residente, caloteiro e desdenhoso da opinião pública. O senador Benton, declarou o *Register* de Missouri, é “um demagogo e um tirano (...) o maior egoísta da cristandade (...) Onde quer que vá, no que quer que faça, ele demonstra uma única característica: a de um demagogo tempestuoso, insolente e inescrupuloso”.

Mas Benton não hesitou, mesmo na véspera da eleição, em continuar a criticar a política de seu partido referente ao Texas. Ele afirmou no salão do Senado que sua oposição política no Missouri fora arquitetada por Calhoun, Tyler e os amigos deles, incluindo “300 jornais na folha de pagamento do Departamento de Estado, muitos deles de forma mascarada”. Sua gigantesca popularidade entre os cidadãos comuns o levou à Assembleia Legislativa, mas apenas por oito votos, numa assembleia controlada por seu partido com uma margem de 27 votos. Ao mesmo tempo, o democrata pró-escravidão Atchison foi eleito para assumir um mandato não concluído no Senado por uma margem de 34 votos. O senador Benton dificilmente poderia deixar de perceber a ameaça velada de seu Estado: “Controle sua língua independente, meu senhor, e mantenha-se do lado do Sul, ou sofra as consequências inevitáveis.”

Mas a juventude destemida na fronteira com o Tennessee não ensinara Thomas Hart Benton a fugir da briga, fosse com feras selvagens, vizinhos ou políticos. Seu embate brutal e desregrado com Andrew Jackson, que o fez trocar uma carreira legal e política promissora no Tennessee pelo Missouri, foi tema de muitos comentários quando os dois se tornaram grandes amigos políticos e pessoais em Washington. E anos mais tarde, quando um novato perguntou a Benton se conhecera Jackson, ele respondeu, orgulhoso: “Sim, meu senhor, eu o conheci, meu senhor; o General Jackson era um grande homem, meu senhor. Eu atirei nele, meu senhor. Depois disso ele me foi de grande valia, meu senhor, em minha batalha com o Banco dos Estados Unidos”. Como um “búfalo selvagem” — alguns preferiam compará-lo a “um carvalho retorcido” — ele voltou ao Senado convencido de que a nação inteira dependia dele para resolver toda e qualquer questão em debate.

Apesar de quase ter sido derrotado em 1844-45, o senador Benton audaciosamente se opôs ao partido e ao Estado na questão da expansão do Oregon. Tendo despertado pessoalmente a intensa aprovação pública no que dizia respeito à expansão — particularmente em Missouri, que enviara uma grande quantidade de seus habitantes para Oregon —, ele agora considerava a posição democrata que pregava "ou Oregon inteira ou nada" e "54°40' ou guerra" extremamente irrealista. Aconselhando o presidente Polk a não aderir a tais lemas ao tratar com a Inglaterra e com o Canadá, ele criticou seus colegas democratas no Senado por terem se recusado a aceitar que a visão deles sobre o caso era equivocada, especialmente a de Lewis Cass, de Michigan. Explicando que o *simples* era uma espécie de doença que deixa os cavalos de Missouri física e mentalmente cegos, e que só pode ser curada quando o veterinário corta certo nervo, ele anunciou: "Cortei o nervo de Cass por causa do *simples*, meu senhor, e o curei".

Mais uma vez ele foi criticado como covarde e traidor. Seu biógrafo acredita que "provavelmente nenhum outro homem na história foi tão vilipendiado quanto ele nesse período".

Mas Benton seguiu adiante em seu caminho independente e cada vez mais solitário. Não estava disposto a se bandear para o lado do Partido Whig, cujos políticos insignificantes, segundo ele, "têm a mesma capacidade de me compreender (...) que um coelho, que se reproduz doze vezes por ano, tem de compreender a gestação de um elefante, que dura dois anos". Nem tampouco procuraria auxílio financeiro dos lobistas que infestavam Washington, dizendo ao agente de um grupo em busca de subsídio naval que a única condição em que ergueria um dedo para ajudar seria que "uma vez construídas as embarcações, elas fossem usadas para carregar todos os patifes como o senhor para fora do país". E também não faria as pazes com os líderes políticos de Missouri, chegando ao ponto de seu desafeto pelo chefe dos correios de St. Louis fazê-lo recorrer à companhia expressa para enviar qualquer correspondência em que o chefe dos correios Armstrong pudesse colocar as mãos.

Somente em casa Benton se sentia em paz com o mundo. Sua filha, Jessie Benton Frémont, escreveu em suas memórias: "Para ele, o lar trazia a paz e o repouso, e ele jamais sentia a atmosfera externa pública de conflito quando entrava ali". Mas sua vida familiar foi obscurecida pela morte de seus dois filhos quando ainda eram novos, e pela longa doença física e mental da mulher, com quem sempre foi atencioso e carinhoso. Em determinada ocasião — que revela o grau de dedicação por trás do exterior áspero — Benton recebia um príncipe francês e outros convidados distintos quando sua esposa entrou na sala, com o corpo não totalmente coberto, e se pôs a olhar, admirada, para o marido. Interrompendo o silêncio de constrangimento que se instalou no ambiente, o senador Benton apresentou digna e majestosamente sua esposa ao príncipe e aos outros, fazendo-a sentar a seu lado, logo retomando a conversa.

Mas no Senado ele era uma figura solitária, dura e implacável. Com pilhas de livros e documentos amontoadas sobre a mesa, Benton discursava frequentemente para galerias quase vazias e para um salão indiferente, despejando sobre colegas dotados de muito mais estudo formal e originalidade de pensamento milhares de estatísticas, ilustrações clássicas e metáforas majestosas. Como descreveria posteriormente um obituário:

> Com uma prontidão muitas vezes surpreendente ele poderia citar uma lei romana ou um filósofo grego, as *Geórgicas* de Virgílio, *As mil e uma noites*, Heródoto ou Sancho Pança, os Tapetes Sagrados, os reformistas alemães ou Adam Smith; Fénelon ou Hudibras, os registros financeiros de Necca ou as resoluções do Concílio de Trento; os debates sobre a adoção da Constituição, ou as fofocas da cozinha, ou um discurso esquecido de algum membro falecido do Congresso.

Benton, que estudara durante apenas um ano na Universidade da Carolina do Norte, era conhecido por carregar a Biblioteca do Congresso na cabeça; e era com grande satisfação, caso um senador esquecesse um nome ou uma data, que recolhia na biblioteca algum volume obscuro, marcando a página exata na qual aparecia a informação correta e enviando-a ao colega. Sua própria sede de saber, em particular pelo Oeste pré-colonizado, era insaciável, e o levava não só aos livros, mas também, como nos conta um contemporâneo, a "caçadores, exploradores, mestiços, chefes indígenas e missionários jesuítas".

Mas nem toda informação adquirida, persistência canina ou egoísmo selvagem poderiam salvar Thomas Hart Benton do maremoto que atingiu o Senado e seu estado acerca de uma questão polêmica: a escravidão. Infelizmente, até que fosse tarde demais, Benton se recusou a reconhecer a escravidão como um tema importante, acreditando que o Compromisso de Missouri de 1820 (que levara seu estado à União e Benton ao seu cargo) a tivesse excluído da política, se recusando a debater sobre o assunto. "Não posso degradar o Senado falando sobre escravidão e questões de desunião", disse ele. "Calar esse debate é meu objetivo; e se isso não for possível, então me calo eu." Um dos poucos membros do Congresso que ainda levava seus escravos consigo para seu lar em Washington, Benton era igualmente contrário aos abolicionistas e aos secessionistas, à extensão permanente desse mal no novo território pelas mãos do Sul e à exploração partidária de suas misérias pelos agitadores do Norte. Acima de tudo, o que mais o afligia era o fato de a questão ser constantemente levantada pelas duas partes como um empecilho à expansão a oeste e à admissão de novos estados pela União.

O início do fim para Benton — já sugerido tão intensamente pelos antagonismos que criara por causa do Texas e de Oregon — veio em 19 de fevereiro de 1847. John C. Calhoun leu a um Senado preocupado suas famosas resoluções insistindo que o Congresso não tinha o direito de interferir no desenvolvimento da escravidão nos territórios. Eventos posteriores indicaram que a visão de Benton estava certa quanto a tais resoluções representarem nada além de "provocações com propósitos eleitorais e desagregadores", dando aos estados escravistas um programa em torno do qual se unirem — não somente como região, mas seguindo a liderança e a campanha eleitoral do próprio Calhoun. Mesmo assim, Calhoun clamou por uma votação imediata; na confusão momentânea que se seguiu, ele ficou furioso e perplexo ao ver Benton, gigantesco e imponente, levantar-se da cadeira, o rosto ardendo em desprezo por ele, pelas resoluções e por seu próprio destino político.

SR. BENTON: Sr. Presidente, temos negócios a tratar e não pretendo deixá-los de lado por causa de algumas abstrações.

SR. CALHOUN: (...) Eu certamente presumi que o senador do Missouri, representante de um estado escravista, seria a favor destas resoluções (...)

SR. BENTON: O senador sabe muito bem, por toda a minha história no serviço público, que eu jamais permitiria que as atividades públicas fossem submetidas a provocações visando a colocar lenha na fogueira.

SR. CALHOUN: Então sei onde encontrar o senhor.

SR. BENTON: O senhor poderá me encontrar no lugar certo (...) no lado do meu país e da União. ["Esta resposta", escreveria sua filha anos mais tarde, "dada naquele momento e naquele lugar, é um dos incidentes de sua vida que o sr. Benton desejará que a posteridade recorde".]

Quando Calhoun deu início a uma série de encontros noturnos secretos entre deputados de estados escravistas, fortemente apoiado por Atchison, colega de Missouri de Benton, este se recusou a ter qualquer tipo de envolvimento. Quando o colega de Calhoun da Carolina do Sul o desafiou para um duelo, Benton se recusou. Quando foi aconselhado a não fazer seu grande discurso a favor do inimigo da escravidão, John Quincy Adams, ele se recusou a dar ouvidos. E, finalmente, quando em 1848 a questão da escravidão dividiu o Partido Democrata em sua convenção, Benton, lamentando a cisão e negando a importância do tema, recusou-se a apoiar ativamente qualquer um dos lados. Ele agora era um homem sem partido, um político sem uma plataforma reconhecida e um senador sem um eleitorado.

A armadilha foi tramada no início de 1849. Calhoun, bem-sucedido em sua tentativa de obter a adoção de suas resoluções por inúmeras assembleias legislativas do Sul, classificou Benton a seus inimigos de Missouri como um sujeito "desleal ao Sul durante os últimos dez anos (...) Ele pode nos fazer menos mal no lado dos abolicionistas do que do nosso próprio lado. Seu destino será o mesmo de todos os traidores". Por uma margem esmagadora, a Assembleia Legislativa do Missouri aprovou as resoluções de Calhoun, expressou o desejo do Missouri de cooperar com outros estados escravistas e instruiu seus senadores a votar de acordo. Indignado com esse revés, Benton declarou que as resoluções foram inspiradas em Washington e não condiziam com a opinião real em Missouri. Elas eram, disse ele, "a progenitura manchada de uma vil conjunção, fedendo a traição à União":

> Entre mim e eles, doravante e para sempre, existe um enorme muro e uma fossa profunda! E, com eles, nenhuma possibilidade de comunhão, concessão ou união (...) Por este comando faço um apelo ao povo do Missouri e, caso as instruções sejam confirmadas, darei a eles uma oportunidade de encontrar um senador que consiga colocar suas vontades em prática, uma vez que nada posso fazer com o intuito de dissolver esta União, ou de colocar metade dela contra a outra.

Determinado a ver as resoluções da Assembleia Legislativa retiradas ou repudiadas, Benton saiu numa agressiva excursão por seu estado hostil. Ele acusou John "Cataline" Calhoun de ser o principal porta-voz sulista de seu partido, uma acusação à qual se agarraria até bem pouco antes da morte de Calhoun, depois de uma longa doença, em 1850. Na época, ele abrandou seus ataques porque, em suas palavras, "quando Deus Todo-Poderoso coloca Sua mão sobre um homem, meu senhor, eu retiro a minha, meu senhor". Despejando seu sarcasmo desdenhoso em lampejos curtos e bombásticos de imensa raiva, ódio e escárnio, dia após dia, numa cidade após a outra, ele atacou seus oponentes e suas medidas com impropérios indignados. Sua brusquidão imperiosa e implacável, o sentimento pessoal de vingança e a hostilidade e a intransigência afastaram muitos cujo apoio ele poderia ter conquistado se fosse mais conciliatório. Dando início a seus discursos em encontros lotados com as palavras: "Meus amigos — e com isso estou falando daqueles que vieram ouvir a verdade e acreditar nela, e ninguém mais", ele atacava as resoluções como "falsas nos fatos que propaga, incendiárias em seu tom, desagregadora em seu objetivo, traidora em sua solução e usurpadora em seu caráter (...) O conceito como um todo, sua elaboração e a passagem das resoluções foram aperfeiçoadas por meio de fraudes (...) uma trama para me tirar do Senado e do caminho dos conspiradores da desunião".

Atacando seu inimigo político de longa data, o juiz Napton, que supostamente teria redigido as resoluções, ele disse que qualquer homem que agissse de acordo com as provisões daquelas medidas "ficaria sujeito a ser enforcado sob as leis dos Estados Unidos — e caso se trate de um juiz, *merecerá* ser enforcado".

Certo dia, lendo indignado e comentando os nomes de cada membro da Assembleia Legislativa, ele parou ao chegar à letra "d" e disse que sentia o cheiro de um membro do Partido Nulificador. Um legislador chamado Davies se levantou para protestar, no que Benton lhe dirigiu uma carranca: "Não chamei seu nome, meu senhor. Volte seu perfil para o público. (...) [Feito um bobo, Davies obedeceu.] (...) Cidadãos, este não é o perfil de um homem; este é o perfil de um cão". Quando um velho amigo que acidentalmente esqueceu de retirar o chapéu fez uma pergunta em meio a um discurso, Benton o repreendeu furiosamente: "Quem é este homem, cidadãos, que ousa interromper Benton em seu discurso?". "Aycock, Coronel Aycock", respondeu uma dúzia de vozes. "Aycock? Não, cidadãos, não é um galo;[8] mas sim uma galinha. Retire o chapéu, meu senhor, e sente-se no seu lugar."

Em outra cidade, avistando do alto da plataforma três de seus inimigos sentados em silêncio em meio ao público enquanto ele classificava suas resoluções de "cânceres", de maneira ácida Benton se referiu a eles nominalmente, dizendo que estavam "acanhados feito prostitutas num batizado". Quando sua atenção voltou-se para a crítica de um distinto rival, ele devolveu o ataque: "Avise a ele que Benton disse que ele mentiu do fundo da barriga até a ponta da língua". Em outra ocasião, quando ignorou o cumprimento de um antigo amigo que desaprovara suas ações, o infeliz cavalheiro fez uma reverência e lembrou a ele seu nome, no que Benton respondeu friamente: "Meu senhor, Benton costumava conhecer alguém que atendia por este nome, mas ele está morto, meu senhor, morto". Quando subiu à plataforma em Fayette, onde sua vida fora ameaçada caso ousasse entrar na cidade, um grupo de homens armados deu início a um tumulto, mas segundo o *Inquirer* de Jefferson, "num quarto de hora os

8 No original, "a cock" — "um galo", em português —, cujo som é igual a "Aycock". [N.T.]

ofensores foram intimidados; e o discurso que durou quatro horas foi recebido com respeito e aplausos".

Mas a excursão turbulenta de Benton não foi páreo com uma força muito maior que qualquer homem ou estado solitário. Com um contentamento indisfarçável, Calhoun escreveu a um amigo no fim do verão:

> Comenta-se que Benton não conseguirá se sustentar no Missouri. Seu colega, o General Atchison (...) diz que ele tem tanta chance de ser eleito senador quanto de ser eleito papa.

Por outro lado, um amigo de Benton escreveu:

> Lamento que o sr. Benton recorra a tantos impropérios. Mas quanto a isto seus oponentes (...) não estão muito longe. Nove de 22 jornais democratas no estado não hesitam em vilipendiá-lo com epítetos como traidor, apóstata, biltre, queimador de celeiros, abolicionista e membro do Partido Solo Livre (...) temo que Benton acabe derrotado.

Ao término de sua excursão, demonstrando confiança — ao menos externamente —, Benton endereçou uma carta ao povo do Missouri:

> Não sei quais os motivos desta conspiração contra mim, exceto por ser um inimigo natural de todos os políticos podres (...) Sou a favor da União como ela é; e por esta razão o sr. Calhoun me acusou de trair o Sul (...) o sinal para que todos os seus seguidores no Missouri se voltassem contra mim (...) A conspiração foi estabelecida (...) Resoluções de invalidação foram aprovadas por meio de fraudes, às quais sabiam que eu não viria a obedecer (...) Homens designados a me atacar em todas as partes do estado (...) Reuniões apinhadas para me condenar (...) Jornais alistados para o serviço (...) e muitos cidadãos bons ludibriados.

Mas Benton não conseguiu envergonhar seus inimigos a ponto de derrotá-los. Em dezembro de 1849, os líderes anti-Benton emitiram uma declaração rotulando o senador veterano de "inconsequente, desonesto e inescrupuloso (...) um mentiroso perverso, deliberado e calculista (...) tentando trair seu partido por motivos egoístas". E quando o Congresso se reuniu, Calhoun conseguiu forçar os democratas a retirar Benton de todos os seus comitês, exceto o de Relações Internacionais, no qual foi deixado devido a uma história forjada, na qual Atchison benevolentemente intercedeu a seu favor.

Nem mesmo o ego gigantesco poderia esconder de Thomas Hart Benton o fato inconfundível de que aquele seria seu último mandato. Estaria ele disposto a entrar em acordo com todos os democratas do Missouri para resolver suas diferenças com o grupo pró-escravidão? "Antes de fazer isso", esbravejou ele, "prefiro me unir aos seis mil que morreram de cólera em St. Louis a entrar num acordo com um bando de patifes como este!". Estaria ele disposto a falar a favor do Sul no grande debate de 1850 sobre o Compromisso Clay, ou pelo menos permanecer em silêncio de modo a manter a cadeira que tanto amava a salvo para futuras batalhas? Não estava. Como recordou um companheiro do Missouri: "(...) Em um período inicial de sua existência, enquanto lia Plutarco, ele decidiu que se um dia fosse necessário ao bem de seu país, ele sacrificaria sua própria existência política".

Enquanto a briga pela Assembleia Legislativa que apontaria seu sucessor seguia a toda no Missouri, o senador Benton manteve firme seu posto em Washington, franco até o fim na condenação às ideias que seus eleitores agora abraçavam. Preferindo sofrer uma derrota esmagadora a abrir mão de seus princípios (pois, como disse Clay, de forma depreciativa, Benton tinha "couro de hipopótamo"), ele se avultava sobre seus colegas mais famosos em termos de coragem moral. Agora isolado de seus amigos políticos no Oeste e no Sul, ao mesmo tempo que mantinha seu dasafeto pelos abolicionistas, a quem responsabilizava igualmente pela divisão da União, ele conduziu um curso extraordinariamente independente em seus ataques ao Compromisso Clay. Atacando acerbamente a série de medidas que formavam o "Grande Compromisso" e ridicularizando seus responsáveis, ele reclamava quando chamado à ordem constantemente pelo oficial que presidia a sessão. O suposto compromisso, na opinião de Benton, representava uma fraude vazia que fazia concessões excessivamente generosas aos secessionistas e envolvia, sem necessidade um tema que lhe era importante: a Califórnia. Expandir a linha da escravidão do Compromisso de Missouri até a Califórnia e com isso dividir o estado, ou retardar a adesão do estado a tal projeto de lei, era algo impensável para Benton, sogro do coronel John Frémont, herói da exploração e do desenvolvimento da Califórnia. E se a admissão da Califórnia não ocorresse em virtude do fracasso do compromisso? Era seu questionamento.

SR. BENTON: (...) De quem, então, será a culpa? Não faço estas perguntas ao senador do Kentucky [o Sr. Clay]. Seria inconstitucional fazê-lo, uma vez que, pela lei desta terra, nenhum homem é obrigado a se incriminar.

SR. CLAY [de sua cadeira]: Não reivindico este benefício da lei.

SR. BENTON: Como homem generoso e obediente às leis, dou a ele o benefício da lei quer ele a reivindique ou não. Está na hora de ele começar a considerar a responsabilidade à qual se expôs ao misturar a Califórnia no meio disso tudo, onde certamente há de encontrar sua morte (...) Sr. presidente, está na hora de acabarmos com esta comédia de erros. A Califórnia está sofrendo pela falta de admissão. O Novo México está sofrendo por falta de proteção. A administração pública está sofrendo por falta de atenção. O caráter do Congresso está sofrendo por falta de progresso nos negócios. Está na hora de colocar um ponto final em tantos males; e eu coloquei a proposta para dar cabo ao adiamento indefinido dessa massa incontrolável de projetos de lei incongruentes, onde cada um representa um entrave para o outro; minha proposta visa a que os casos possam ser estudados individualmente e recebam as decisões que seus respectivos méritos requerem.

Ao longo do ano, outro evento melodramático — rotulado de "a maior afronta que o Senado já sofreu" — serviu para mostrar a indignação do Sul em relação a Benton. O mordaz senador Henry Foote, do Mississippi, que não era um fiel seguidor de Calhoun, mas que Benton suspeitava de ter ajudado a tramar sua derrota no Missouri, discursou no Senado em diversas ocasiões para atacar sua posição de maneira tão grosseira que chegava a exceder até mesmo os excessos retóricos do missouriano. Provocando-o com a iminência de sua derrota no Missouri, e sentindo os contra-ataques de Benton, Foote o ridicularizou, acusando-o de estar "protegido por sua idade (...) e protegido por sua própria covardia mais que conhecida".

Até que finalmente Benton anunciou que, se o Senado fracassasse em protegê-lo de ataques "falsos e covardes" como aqueles, ele pretendia "proteger a si mesmo, custe o que custar". No dia 17 de abril, em meio a outro ataque verbal feito por Foote, Benton avançou em sua direção, dando-lhe as costas ao sentir um colega o segurar. Subitamente, Foote sacou uma pistola e a apontou para Benton, que abriu dramaticamente o paletó e gritou: "Estou desarmado! Deixem que atire! Deixem o assassino disparar!".

Ninguém disparou. O Senado ficou em choque — embora sua comissão especial de repreensão mal tenha dado uns tapas nas mãos dos dois envolvidos — mas os ataques verbais entre os dois não cessaram. Quando Benton soube que Foote ameaçara escrever um pequeno livro no qual o *caso* Benton teria papel de destaque, o missouriano respondeu: "Digam a Foote que escreverei um livro bem grande, no qual ele não aparecerá numa só página!". (E foi o que ele fez.) E Foote, referindo-se de maneira provocativa à esperada derrota de Benton no Missouri, gritou ao Senado: "Se fomos sujeitados à tirania, e se a suportamos com paciência por anos, sim, senhor, trinta anos, graças a Deus podemos finalmente exclamar: 'Vejam o tirano prostrado na areia, Roma mais uma vez está livre'".

Os desejos de Foote se realizaram. O voto de Benton contra a divisão da Califórnia foi seu último ato relevante no Senado. Em janeiro de 1851, no ápice de uma contenda que durou doze dias entre três grupos distintos — os Democratas a favor de Benton, os Democratas contrários a Benton e os Whigs — a Assembleia Legislativa do Missouri, na quadragésima votação, elegeu um Whig. Após trinta anos de serviços excepcionais prestados ao Senado dos Estados Unidos, Thomas Hart Benton foi vergonhosamente dispensado e mandado para casa.

Não intimidado e recusando-se terminantemente a seguir o caminho mais fácil de uma aposentadoria política honrosa e popular, Benton lutou para voltar ao Congresso no ano seguinte como deputado de St. Louis. Sua campanha, segundo a oposição do *Crescent*, de Nova Orleans, "não poupou ataques públicos ou pessoais. Ele exauriu cada impropério imaginável, vasculhando toda a amplitude da língua inglesa em busca de termos de escárnio e zombaria". Eleito num último suspiro de popularidade pessoal, Benton prontamente jogou aos ventos qualquer chance de uma futura reeleição ao fazer um de seus discursos mais memoráveis, e também um dos mais injuriosos, em oposição a uma das principais medidas de seu partido, o Ato de Kansas-Nebraska. Com insultos violentos, ele condenou as provisões que revogavam seu adorado Compromisso do Missouri e clamou por um panorama nacional. "Ele vota como homem do Sul", comentou sobre as observações de um membro da Georgia, "e vota regionalmente. Também venho do Sul, mas voto nacionalmente nas questões nacionais (...) Sou sulista de nascimento, sulista em minhas convicções, interesses e conexões, e hei de aceitar o destino do Sul em tudo aquilo em que ele estiver no lado *certo* da questão".

Derrotado em sua tentativa de reeleição em 1854 e abalado pela morte de sua amada esposa, Benton ainda não estava pronto para se entregar. Em vão, tentou a reeleição ao Senado em 1855; aos 74 anos, fez uma última e desesperada campanha para o cargo de governador em 1856. Jessie Benton Frémont revelou em suas memórias que seu corajoso pai, sofrendo do que sabia ser um câncer de garganta fatal, só conseguia falar em público mantendo-se em absoluto silêncio por dias. Mesmo assim, sua garganta sangrava durante e após seus ferozes discursos. E ainda assim ele viajou por mais de 2 mil quilômetros numa desesperada excursão para derrotar os candidatos Whigs e os democratas contrários a ele, voltando para casa vencido, porém orgulhoso, para completar sua monumental obra histórica.

O ego extravagante, pelo qual tanto era amado quanto detestado, jamais o deixou. Quando os editores de seu livro, *Thirty Years' View*, enviaram um mensageiro para perguntar quantas cópias ele achava que deveriam ser impressas, Benton respondeu com soberba: "Meu senhor, eles podem verificar por meio do último censo quantas famílias existem nos Estados Unidos, meu senhor"; e essa foi a única sugestão que fez. Ao introduzir sua obra, Benton declara que "a enumeração de todas as medidas das quais foi autor e principal promotor representava quase a história da Legislação do Congresso... A longa lista é conhecida por toda a extensão destas terras — repetida com a familiaridade de palavras comuns e estudada pelos garotos, que sentem uma honrada ambição começar a palpitar em seus peitos...".

Quando morreu, Benton ainda trabalhava com afinco, recorrendo a um copista quando suas mãos frágeis não conseguiam mais segurar a caneta, sem reclamar mesmo enquanto sussurrava suas últimas palavras: "Sinto-me confortável, estou satisfeito". Sua morte, sentida em toda a nação, revelou como era minguada a fortuna que em sua carreira honesta acumulara para as filhas.

Mas até mesmo depois de derrotado e morto, Thomas Hart Benton foi vitorioso. Sua voz, que no passado falara em nome da União, foi um dos fatores decisivos que evitaram que o Missouri se rendesse aos esforços desesperados para levá-lo à secessão ao lado de seus estados-irmãos escravistas. O destino corroborou a sabedoria do último relato de Benton a seus eleitores enquanto senador: "Dou valor à popularidade sólida: a estima de homens bons por boas atitudes. Desprezo a popularidade que vem de uma bolha, conquistada sem mérito e perdida sem crime (...) Fui senador por trinta anos (...) Às vezes tive de agir contra as opiniões pré-concebidas e as impressões iniciais de meus eleitores; mas sempre com total confiança na inteligência deles para me compreender e na imparcialidade deles para me fazer justiça — *e jamais me desapontei*".

V

Sam Houston

"(...) posso esquecer que me chamam de traidor."

Os *primeiros raios da manhã entravam pela câmara mal-iluminada* do Senado em 1854 quando um último orador se levantou em busca de reconhecimento. Senadores exaustos, abatidos e com a barba por fazer, caídos desanimados em suas cadeiras após o rigor de uma sessão que durara a noite inteira, balbuciavam "votação, votação" com a esperança de desencorajar qualquer outra oratória sobre algum projeto de lei cuja aprovação já fora decidida. Mas o senador Sam Houston, do Texas, herói de San Jacinto, não se intimidava facilmente com as adversidades, por maiores que fossem; e quando sua voz profunda e melodiosa transportou as palavras corajosas, ainda que ásperas, de uma poderosa mensagem a seus colegas estupefatos, estes sacudiram o estupor e o desânimo que haviam amortecido suas mentes extenuadas e ajeitaram-se em seus assentos, prestando atenção.

O projeto de lei no qual se concentrava o debate acerbo e exaustivo era conhecido como Ato de Kansas-Nebraska, o novo artifício de "unicidade" do Partido Democrata e a mais recente concessão ao Sul. Ele revogava o Compromisso do Missouri de 1820 e reabria o tema da extensão da escravidão, que se julgava decidido pelo Compromisso de

1850, ao permitir que os habitantes daquele vasto território que ia de Iowa às Montanhas Rochosas decidissem a questão da escravidão por si próprios, com o pressuposto de que a parte setentrional do território seria livre, e a parte meridional, escravista. Para democratas e sulistas, o projeto se tornara uma lei "fundamental".

Sam Houston era um democrata de longa data, e era sulista de nascença, residência, lealdade e filosofia. Mas Sam Houston também era Sam Houston, um dos indivíduos mais independentes, singulares, populares, convincentes e notáveis a adentrar a câmara do Senado. Primeiro senador do Texas, seu nome há muito se tornara uma palavra comum no papel de comandante-chefe dos voluntários texanos dispersos e escassos que expulsaram o exército mexicano inteiro em San Jacinto, capturaram seu general e estabeleceram a independência do Texas. Houston fora aclamado como o primeiro presidente da República Independente do Texas, membro de seu Congresso e depois mais uma vez presidente antes da admissão do Texas como estado da União. Aos 64 anos, não era uma presa fácil, e os laços partidários ou regionais não bastavam para selar seus lábios.

Ele via o Compromisso do Missouri, o qual apoiara em 1820 quando era um jovem deputado pelo Tennessee, como um pacto solene e sagrado entre Norte e Sul, ou, na verdade, uma parte da Constituição quando o Texas foi admitido pela União. Ele tampouco estava disposto a descartar o Compromisso de 1850, o qual apoiara apesar da hostilidade dos engolidores de fogo do seu estado, que classificaram seu voto como "a afronta mais condenável já feita ao Texas". Com uma eloquência simples, rude, porém sincera, ele implorou a seus cansados colegas, num apelo improvisado, para que não afundassem a nação em novas polêmicas sobre a escravidão.

Sam Houston devia saber que a lei seria aprovada, assim como devia saber que nenhum outro democrata do Sul se juntaria a ele. Devia saber também que, com os rumores sobre sua posição disseminados na semana anterior, o *Enquirer* de Richmond falava em nome de seus eleitores quando declarava: "Nada pode justificar uma traição como essa; assim como nada poderá salvar o traidor da mais profunda danação que tal deslealdade merece". Mas, mantendo a postura ereta, o queixo levantado e um ar extravagante, se não excêntrico, em seu capote militar e colete de couro de pantera (ocasionalmente ele aparecia com um enorme *sombrero* e um poncho mexicano), Sam Houston, "o magnífico bárbaro", fez um de seus raros discursos a um Senado extenuado, mas atento:

> Esta é uma medida extremamente perigosa; e vocês esperam que eu permaneça aqui em silêncio, ou que me abstenha do cumprimento do meu dever de alertar o Sul sobre as consequências que acredito que virão? Pois hei de falar, apesar de todas as intimidações, ameaças ou censuras que porventura recaiam sobre mim. Senhores, a acusação de que estou ao lado dos abolicionistas ou do Partido Solo Livre não me afeta. A execução do dever consciente me leva muitas vezes a confrontar a força unida da própria região do país na qual resido, onde estão meus laços, à qual dispenso meu afeto (...) Senhores, se esta é uma dádiva oferecida para apaziguar o Sul, eu, como sulista, a repudio. Não vou aceitá-la (...) Nossos filhos hão de viver desfrutando de paz, harmonia e prosperidade, ou a alternativa para eles será a anarquia, a discordância e o caos civil. Podemos impedir estes últimos. Acredito que devamos (...) Conclamo-vos a examinar o contrato estabelecido para harmonizar e preservar esta União. Mantenham o Compromisso do Missouri! Não provoquem agitações! Deem-nos paz!

"Aquele foi", observaria posteriormente Houston, "o voto mais impopular que já dei, mas também o mais sábio e patriótico". Certamente foi o mais impopular. Quando o velho Sam chegou pela primeira vez ao Senado, o estado recém-nascido do Texas se preocupava basicamente com linhas férreas, terras, dívidas e questões de fronteiras, sem laços particularmente fortes com o Sul. Mas naquele momento o Texas, com 150 mil escravos valiosos e uma população esmagadoramente democrata que consistia em grande parte de cidadãos de outros estados sulistas, tinha os mesmos interesses que Houston atacara; e quase de maneira unânime pediu sua cabeça, acusando-o de "trair seu estado no Senado", "se juntar aos abolicionistas" e "desertar o Sul". Por 73 votos a três, a Assembleia Legislativa aplaudiu outro senador pelo apoio ao Ato de Nebraska e condenou a posição de Houston, que um dia fora o herói mais glorioso que o estado já conhecera. A Convenção Estadual Democrata criticou o grande guerreiro por "não estar de acordo com os sentimentos da democracia do Texas". O *Herald* de Dallas exigiu que Houston abdicasse da cadeira para a qual os texanos orgulhosamente o escolheram, em vez de "manter uma posição da qual abriu mão ao representá-los mal (...) Deixem que ele finalmente ouça a voz de um eleitorado indignado, mal representado e traído, para que o Texas possa enfim ter uma voz unida e apresente uma frente coesa no Senado".

Para piorar as coisas, essa não era a primeira transgressão do senador Sam Houston, mas simplesmente, como descreveu o indignado *Standard* de Clarksville, "a gota que fez transbordar o copo". Ele havia se estranhado com John Calhoun na questão de Oregon, descrevendo a si mesmo como um sulista para quem "a União era a estrela-guia" e que "não temia que o Norte tentasse destruir o Sul, apesar dos documentos assinados por velhos homens e mulheres e meninas bonitas". "O Sul foi derrotado pelo Sul. Caso estivesse unido, teria vencido!", bramiu um influente jornal sulista quando Calhoun repreendeu Houston e Benton por concederem a margem vencedora a seus oponentes. Mas Sam Houston apenas respondeu: "Não conheço Norte ou Sul; conheço apenas a União".

Houston não queria nenhum tipo de envolvimento com as resoluções de Calhoun sobre a escravidão — que pareciam dizer "lavo minhas mãos" — e com seu "Pronunciamento ao Sul", atacando o venerado sábio por seus "planos longamente elaborados e mal disfarçados contra a União", e insistindo ao Senado que ele, Sam Houston, era "o representante naquele plenário de todo o povo americano". Mas a Assembleia Legislativa do Texas aprovou as resoluções de Calhoun e passou a olhar com desconfiança para o ambicioso ex-presidente do Texas, cujo nome vinha sendo mencionado, tanto no Norte quanto no Sul, como possível candidato a assumir a Casa Branca em 1852 ou 1856.

Por fim, Houston fora o primeiro senador importante a atacar a oposição de Calhoun ao Compromisso Clay de 1850, citando a Bíblia para rotular os que ameaçavam a separação de meras "ondas agitadas do mar, espumando sua própria vergonha...".

> Os senhores acham que, após as dificuldades que os texanos enfrentaram para entrar na União, poderiam simplesmente chutá-los para fora? Não, senhores (...) derramamos nosso sangue para entrar (...) Estamos entre os últimos a entrar para a União e, uma vez dentro, seremos os últimos a sair (...) Convoco os amigos da União espalhados por todos os cantos para se apresentarem como homens e para sacrificarem suas diferenças no altar comum em nome do bem de seu país, e para formarem um baluarte em torno da Constituição que não poderá ser abalado. Serão necessários grandes esforços, meus senhores, e estes homens terão de esperar hostilidades vindas de todos os lados. No entanto, devem permanecer leais à União, independentemente de todas as consequências pessoais.

E assim seu voto solitário contra o Ato de Kansas-Nebraska naquela madrugada tempestuosa de 1854 representou, de fato, a "última gota". Falava-se em alto e bom som pelo Senado que aquele seria o último mandato do pitoresco senador. Os ilustres senadores com quem ele servira, cuja oratória não era capaz de despertar a glória e o entusiasmo que cercavam o nome de Sam Houston, podem ter franzido as sobrancelhas diante de seus trajes excêntricos e de seu hábito de talhar palitos de pinheiro no salão do Senado enquanto resmungava contra a duração dos discursos senatoriais, mas não tinham como não admirar sua coragem estoica e seu individualismo rude, que seu prefácio para uma pequena obra autobiográfica expressava de maneira mais direta: "Este livro me fará perder alguns amigos. Mas se me fizesse perder todos e não ganhar nenhum, em nome de Deus, na condição de homem livre, eu o publicaria (...)".

As contradições na vida de Sam Houston um século atrás podem parecer irreconciliáveis hoje em dia. Embora estejam disponíveis infinitas coleções de diários, discursos e cartas que jogam luz sobre cada faceta de sua vida e de seus feitos, no centro do palco o próprio Houston permanece obscurecido, um enigma até para seus próprios amigos, um mistério para o historiador minucioso de hoje. Podemos ler uma carta ou um diário no qual, por um instante, ele pareça baixar a guarda, mas quando terminamos sabemos pouco mais do que quando começamos. Ninguém pode afirmar com precisão que estrela Sam Houston seguia: a sua própria, a do Texas ou a da nação.

Ele era muitíssimo ambicioso, mas, no fim, sacrificou por princípio tudo o que um dia conquistara ou desejara. Era um homem do Sul, mas ainda assim manteve com firmeza sua lealdade à União. Era um senhor de escravos que defendia o direito dos sacerdotes do Norte de pleitear junto ao Congresso o fim da escravidão; era um conhecido beberrão que fizera um voto de sobriedade; era filho adotado de índios cherokee e conquistara suas primeiras honras militares combatendo os creeks (um dos povos nativos da América do Norte); fora governador do Tennessee mas senador pelo Texas. Era ora magnânimo, ainda que vingativo; ora afetuoso, ainda que cruel, excêntrico e ao mesmo tempo envergonhado de si mesmo; fiel e ao mesmo tempo oportunista. Mas as contradições de Sam Houston na verdade confirmam uma única qualidade básica e consistente: a independência indomável, às vezes espetacular, às vezes bruta, às vezes misteriosa, mas sempre corajosa. Ele podia ser todas as coisas para todos os homens, e ainda assim, quando se viu diante de seu maior desafio, manteve-se fiel a si mesmo e ao Texas. A agitação dentro de Sam Houston nada mais era que a agitação que atormentava os Estados Unidos naqueles anos tempestuosos que precederam a Guerra Civil; sua singularidade pitoresca nada mais era que a expressão primitiva da fronteira que ele conhecia bem.

Quando ainda era um menino sonhador e insubordinado, Houston fugiu de sua casa na fronteira com o Tennessee e foi adotado pelos índios cherokee, que o batizaram de Co-lon-neh, o Corvo. Oficial da infantaria sob o comando de Andrew Jackson em 1813, seu braço direito foi retalhado por balas inimigas quando se lançou sozinho contra as linhas adversárias na Batalha de Horseshoe Bend, enquanto seus homens se encolhiam nas colinas atrás dele. Houston era um protagonista natural, com feições bastante atraentes e um gosto por trajes e discursos pitorescos, alcançando sucesso rapidamente no Tennessee como promotor público, deputado e, finalmente, como governador, aos 35 anos. A história de sua renúncia repentina ao cargo de governador no auge de uma popularidade que, segundo esperava seu amigo Jackson, faria de Houston presidente um dia, reveste-se de mistério. Aparentemente ele descobriu alguns dias após seu casamento que o ambicioso pai de sua jovem e bela noiva a forçara a aceitá-lo, quando, na verdade, ela amava a outro. A mente e o espírito de Houston ficaram em frangalhos, e ele abandonou a civilização para se juntar aos cherokees, entregando-se à bebida e submetendo-se a um exílio político e pessoal. Muitos anos mais tarde, depois de restabelecer o equilíbrio e seus propósitos, foi enviado pelo general Jackson, a quem sempre foi fiel, para o Texas, onde suas proezas militares se tornaram uma parte tão importante do folclore americano quanto o Vale Forge e Gettysburg. Mas nenhuma aventura, adulação ou mesmo um segundo casamento feliz conseguiu extinguir a tristeza e a melancolia interiores que pareceram a alguns, em 1856, com a aproximação de sua derrota política, mais evidentes que nunca.

No entanto, Sam Houston não era homem de se pôr a ruminar, até que os boatos de sua iminente derrota dessem lugar à avalanche que o esmagaria. Ele já se lançara em inúmeras excursões pelo Texas durante os recessos outonais do Senado, comparando Calhoun a "demagogos inconsequentes", chamando Jefferson Davis de um sujeito "ambicioso como Lúcifer e frio como um lagarto", e criticando com o mesmo vigor tanto o "fanatismo louco do Norte" quanto a "ambição louca do Sul". Muitos anos vivendo entre tribos indígenas semicivilizadas não fizeram dele um grande respeitador dos altos escalões; em seus primeiros anos, Houston atacara fisicamente um congressista adversário de seu ídolo, Andrew Jackson. Mais tarde ele contaria a amigos que aquilo o fez se sentir "mais malvado do que nunca em toda sua vida. Pensei que havia pegado um cachorrão, mas encontrei apenas um filhotinho chorão e desprezível".

Agora ele iniciava um grande ataque aos oficiais texanos ao anunciar sua candidatura a governador na eleição de 1857. Houston concorreria não como democrata, ou como candidato de qualquer tipo de facção ou jornal. Nem mesmo renunciaria ao Senado. Concorreria como Sam Houston, para "regenerar a política do estado. O povo quer agitação, e eu quero proporcioná-la tanto quanto todo mundo".

E foi bastante agitação que ele proporcionou na primeira batalha de verdade que o estado amplamente democrata do Texas já havia testemunhado. Tirando a camisa com frequência durante a campanha quente de verão, ele discursou para o povo em cada canto do Texas, valendo-se de seus epítetos injuriosos e de seu sarcasmo zombeteiro. Com mais de um metro e oitenta, ainda ereto feito uma flecha e dotado de músculos maciços, porém elegantes, seus olhos penetrantes disparavam desprezo por seus adversários e escárnio pelas medidas que propunham, ao passo que soltava desenfreadamente a língua afiada que o decoro da Câmara do Senado havia em grande parte aplacado. Um de seus discursos foi descrito — por um jornal de oposição, mas indubitavelmente com certa precisão — como uma "mistura de insultos e egotismo (...) sem a sanção da verdade histórica e (...) sem uma linguagem decente e refinada. (...) O discurso foi recheado do início ao fim por epítetos como 'caros ladrões', 'patifes' e 'assassinos'". Quando lhe foi negado o direito de falar à corte regional numa parada de sua excursão, ele assegurou ao público que estava tudo bem:

> Não pago meus impostos aqui. Não contribuí para comprar um só tijolo ou prego nesta construção e não tenho o direito de discursar aqui. Mas se houver algum homem ao alcance da minha voz que deseje ouvir Sam Houston falar e estiver disposto a me seguir até a encosta da montanha lá fora, não abrirei mão do direito de discursar sobre o solo do Texas, pois este foi regado com o meu sangue.

Acusado por um lado de traição e do outro como um *Know-Nothing*[9] (devido a seu breve flerte com o movimento intolerante, mas não regio-

[9] Durante a década de 1840, surgiu um forte sentimento contra os imigrantes irlandeses católicos nos Estados Unidos. O partido Know-Nothing era formado por membros que acreditavam que esses imigrantes eram contra os valores americanos. [N.T.]

nalista), ele escreveu à esposa dizendo que "os escândalos que lançam sobre mim vêm de baixo e não me atingem".

Mas seus votos acerca do Kansas e de outras medidas sulistas não tinham explicação para um eleitorado enfurecido, e o Texas infligiu a Sam Houston a primeira surra de sua carreira política. Ele deveria renunciar ao Senado imediatamente, disse a antagonista *Gazette*, em vez de "se agarrar ao trabalho improdutivo (...) simplesmente para receber seu abono diário". Mas Sam Houston, encorajado pela margem de sua derrota ter sido de apenas três para dois, retornou a Washington para seus últimos anos no Senado com a crença inabalada. Quando um adversário sulista o provocou no salão do Senado dizendo que seu voto contra o Ato de Kansas-Nebraska assegurara sua derrota, Houston simplesmente respondeu com um sorriso elegante e dizendo que realmente recebera "as garantias sinceras e gratificantes de meu eleitorado quanto à intenção de me libertar dos serviços que aqui presto (...)". Ele não estava errado. No dia 10 de novembro de 1857, Sam Houston foi dispensado sem qualquer cerimônia pela Assembleia Legislativa do Texas, e um representante do Sul mais militante foi eleito como seu sucessor.

Ao se despedir de seus colegas senadores, Houston lhes disse que desejava se aposentar "com as mãos e a consciência limpas":

> Não quero epitáfio mais altaneiro na tábua ou na pedra que marcarão meu túmulo do que este: "Ele amou seu país e foi um patriota; era um homem dedicado à União". Se por tais motivos sofri meu martírio, é suficiente que eu esteja quite com aqueles que empunharam a faca sacrificial.

Mas não podemos concluir nossa história sobre a coragem política do senador Sam Houston com sua aposentadoria do Senado. Retornando a seu rancho no Texas, o valente ex-senador se viu incapaz de seguir em sua aposentadoria quando o governador que o derrotara dois anos antes ameaçou conduzir o estado para a secessão. Assim, no outono de 1859, o guerreiro envelhecido mais uma vez se candidatou de maneira independente ao governo, mais uma vez sem partido, jornal ou organização por trás de sua campanha, e fazendo um único discurso. Ele confiaria, disse ao público em seu tom de voz ainda fascinante, "na Constituição e na União, em toda a velha democracia jacksoniana que um dia professei ou pratiquei oficialmente (...) Na política, sou um velho antiquado, pois me agarro com devoção aos princípios básicos sobre os quais nosso governo foi fundado".

Embora seus oponentes insistissem que a secessão e a reabertura do comércio de escravos no Texas não eram questões reais, Houston fez forte pressão sobre esses temas, assim como prometeu maior proteção contra o terrorismo nas fronteiras com o México e com os territórios indígenas. Foi uma campanha dura, na qual os democratas e os jornais atacaram-no com um ardor contundente, retomando velhas acusações sobre a imoralidade e a covardia de Houston. Mas, por mais estranho que possa parecer, o apelo das questões (ainda que prematuras) que ele levantara, seus seguidores pessoais e antigos colegas, o desgosto pelo governo de seus oponentes, a nova popularidade que obtivera pouco antes da aposentadoria, quando denunciou no Senado um juiz federal corrupto e uma onda de sentimentalismo de que foi alvo quando retornou ao seu adorado Texas se combinaram para elegê-lo governador, numa reversão completa de sua derrota dois anos antes. Esse foi o primeiro revés sofrido pelos extremistas do Sul em uma década, e o governador eleito foi atacado por jornais indignados do Texas, que o chamavam de "um traidor que deveria cair e nunca mais se levantar" e "um dos maiores inimigos do Sul. Um sulista que apoia o Partido Solo Livre".

O velho nacionalismo jacksoniano que motivara toda sua carreira agora enfrentava sua prova mais severa. Alegando que a Assembleia democrata altamente hostil não representava, de fato, o povo, o governador Houston quebrou todos os precedentes fazendo seu discurso de posse do alto dos degraus do Capitólio diretamente para a multidão, em vez de fazê-lo diante de uma sessão conjunta da Assembleia. A um imenso público reunido no local, Houston declarou ser um governador do povo, e não de um partido, e que "ao unir seu destino com o dos Estados Unidos, o Texas não entrou para o Sul ou para o Norte; sua ligação não era regional, mas sim nacional".

Mas as feridas de sua eleição não foram curadas; quando seu nome foi proposto por um nova-iorquino na Convenção Nacional Democrata em

1860 como alguém que "conduziria o país inteiro rumo a uma grande vitória", o ex-governador Runnels, líder da delegação texana, se levantou num salto: "Pelo amor de Deus, meu senhor! Eu sou o indivíduo que Sam Houston derrotou na eleição para governador e qualquer coisa que lhe seja laudatória é bastante desagradável para mim".

Fazendo referências óbvias a inimigos como esse, Houston disse à Assembleia em seu primeiro pronunciamento geral em 1860:

> (...) não obstante os delírios de extremistas desiludidos ou as ameaças desrespeitosas de desagregadores fanáticos, o amor de nosso país ainda arde com o fogo de tempos remotos (...) no coração do povo conservador do Texas (...) o Texas manterá a Constituição e defenderá a União. Isso é tudo que pode nos salvar como nação. Destruam a Constituição, e a anarquia nos espera.

Quando a Carolina do Sul convidou o Texas a enviar representantes à Convenção Sulista para protestar contra "os ataques às instituições da escravidão e contra os direitos do Sul", Houston transmitiu o comunicado à Assembleia por uma questão de cortesia, mas alertou, num documento magistral: "A União foi feita com o intuito de ser perpétua". Por meio de habilidosas manobras políticas, ele evitou que o convite da Carolina do Sul fosse aceito, levando o senador Iverson, da Georgia, a clamar que um "Brutus texano" deveria "surgir e livrar seu país do pesadelo de cabelos grisalhos". Como as opiniões a favor da secessão cresciam esmagadoramente durante a acalorada campanha presidencial de 1860, o governador Houston só pôde implorar a seus impacientes eleitores para esperar e ver qual seria a atitude do sr. Lincoln, caso eleito. Mas o fato de ter recebido alguns votos não solicitados na Convenção Republicana para ser vice-presidente de Lincoln deu mais munição a seus detratores. E quando o município de Henderson sofreu um incêndio misterioso em agosto, o governador nada pôde fazer para evitar a onda de linchamentos, os comitês de vigilantes e o sentimento de raiva que se seguiram aos rumores de insurreições e incêndios criminosos provocados por negros. O discurso de Houston em Waco criticando a secessão teve como resposta a explosão de um barril de pólvora atrás do hotel onde ele passou a noite — e de onde saiu ileso. Ignorando os riscos pessoais e políticos, se levantou de seu leito de convalescença em setembro para fazer um apelo final:

> Não peço que o regionalismo seja derrotado por outro regionalismo, mas sim pelo nacionalismo (...) Esses não são sentimentos novos para mim. Eu os proferi no Senado americano em 1856. Eu os profiro agora. Na época me acusaram de traição. Acusam-me agora. Que seja! Homens que jamais sofreram com as privações, a labuta, o perigo que sofri pelo meu país me chamam de traidor por me mostrar disposto a me submeter à Constituição e às autoridades constituídas. Deixem que eles sofram o que sofri por esta União e eles sentirão o sofrimento se entrelaçando em volta de seus corações com tanta força que abrir mão delas será como cortar as cordas da vida (...) O que são essas pessoas que me chamam de traidor? São elas que marcham sob a bandeira nacional e estão dispostos a defendê-la? Aquele é o meu estandarte! (...) E enquanto tremular orgulhosamente sobre a minha cabeça, assim como tremulou em meio a cenários onde estes homens não estiveram presentes, posso esquecer que me chamam de traidor.

Abraham Lincoln foi eleito presidente e imediatamente por todo o estado do Texas a bandeira da estrela solitária foi hasteada numa atmosfera de expectativa agitada e beligerante. O apelo de Houston para que o o estado lutasse pelos seus direitos "na União e pela União" recaiu sobre ouvidos surdos. "Um sentimento de servidão", disse a imprensa. O governador Houston foi colocado de lado quando se convocou uma convenção sobre a secessão.

Lutando desesperadamente para manter as rédeas do governo, ele convocou uma sessão especial da Assembleia Legislativa, criticando os extremistas tanto do Norte quanto do Sul e insistindo que "ainda não perdera a esperança de que nossos direitos possam ser mantidos na União". Caso contrário, sustentava ele, a independência seria um caminho preferível a se juntar ao lado sulista.

Mas os líderes da convenção sobre a secessão, reconhecidos pela Assembleia Legislativa e auxiliados pela deserção do comandante da União no Texas, não podiam ser detidos, e sua impetuosa corrida rumo à secessão foi momentaneamente perturbada pela aparição surpresa do governador que eles odiavam, mas ao mesmo tempo temiam. No dia em que a Declaração de Secessão seria aprovada, Sam Houston sentou-se no tablado, sério e calado. Sua presença revigorava a coragem daqueles poucos amigos da União que permaneciam no salão. "Para aqueles que narram o maravilhoso ataque de Houston subindo a colina em San Jacinto", disse o historiador Wharton, "afirmo que foi preciso mil vezes mais coragem para entrar na Convenção de Secessão em Austin sozinho para desafiá-los e intimidá-los". Quando, encorajado pela magia da presença de Houston, James W. Throckmorton deu um dos sete votos contra a secessão, ergueram-se vaias indignadas; levantando-se de seu assento, ele deu a memorável resposta: "Quando a gentalha vaia, é hora de os patriotas tremerem".

Mas poucos tremeram quando a Declaração foi aceita e submetida à aprovação do povo nas urnas um mês depois. De imediato o combativo ex-senador se lançou numa campanha de um homem só para manter o Texas na União. Plateias agressivas, pedras e acusações de traição — foi isso que ele encontrou por todo o estado. Em Waco, sua vida foi ameaçada. Em Belton, um vândalo armado se levantou de repente e partiu em sua direção. Mas o velho Sam Houston, olhando bem em seus olhos, colocou as mãos em suas pistolas: "Senhoras e senhores, mantenham-se em seus lugares. É só um vira-latas latindo para a jaula do leão". Ileso, percorreu o estado em seu modo característico, atordoando os inimigos com seu poderoso sarcasmo. Quando pediram para que expressasse sua opinião sobre o líder secessionista, Houston respondeu: "Ele tem todas as características de um cão, menos a lealdade". Aos setenta anos de idade, mas com o corpo ainda impressionantemente ereto, olhos penetrantes e fartos cabelos brancos, o Velho Sam encerrou sua excursão em Galveston diante de uma multidão hostil e raivosa.

> Alguns de vocês riem e ridicularizam a ideia de um banho de sangue como consequência da secessão mas permitam-me dizer o que está por vir. Vocês podem até, depois do sacrifício de inúmeros milhões de tesouros e centenas de milhares de vidas preciosas, numa possibilidade ínfima, conquistar a independência para o Sul, se Deus não estiver contra vocês. Mas duvido. O Norte está determinado a preservar a União.

Não deram ouvidos à sua profecia. No dia 23 de fevereiro, o Texas votou pela secessão por uma grande margem; e em 2 de março, aniversário de Houston e da independência do estado, a convenção especial se reuniu em Austin e declarou que o Texas se separaria da União. O governador Houston, ainda tentando desesperadamente retomar a iniciativa, indicou que informaria à Assembleia seus planos acerca da questão. Irritada pela sua insistência em afirmar que a autoridade legal para aquilo havia expirado, a Convenção, após uma votação esmagadora que terminou em 109 a dois, declarou o estado como parte da Confederação do Sul, e decretou que todos os oficiais estaduais deveriam fazer o novo juramento de lealdade no dia 14 de março. O secretário do governador simplesmente respondeu que Houston "não reconhecia a existência da Convenção e não consideraria suas ações como algo que o envolvesse".

Em 14 de março, como descreveu uma testemunha ocular, o salão da Convenção estava "abarrotado (...) tomado por uma energia vigorosa, de homens tinindo de emoção e ardendo com a expectativa de uma batalha vingativa. O ar estava carregado com o clamor de um aglomerado de vozes — enfurecidas, triunfantes e desdenhosas, com insultos e epítetos desonrosos ocasionais —, mas a voz de Sam Houston não foi ouvida".

Na hora marcada, o relator da Convenção deu início à chamada de presença dos representantes do estado. O silêncio tomou conta do grande público, e todos os olhares buscavam ansiosos avistar o velho herói.

"Sam Houston!" Não houve resposta.

"Sam Houston! Sam Houston!" As vozes ressonantes e desdenhosas começaram outra vez. O cargo de governador do Texas, nos Estados Confederados da América, foi declarado oficialmente vago; e o tenente governador Edward Clark, "uma criatura insignificante, abjeta, ágil e petulante", se apresentou para o juramento. Amigo pessoal e político eleito junto a Houston, Clark entraria mais tarde no escritório executivo para exigir os documentos do estado, no que seu antigo mentor girou lentamente a poltrona para encará-lo e fazer a pergunta absolutamente desdenhosa: "E qual seria seu nome, meu senhor?".

Em outra parte do Capitólio, o herói de San Jacinto, colocando de lado uma vida de fortuna política, fama e devoção popular escrevia sua última mensagem como governador, com o coração partido:

> Caros cidadãos, em nome de vossos direitos e liberdades, os quais julgo terem sido pisoteados, recuso-me a fazer tal juramento. Em nome da minha própria consciência e de minha própria hombridade (...) Mas eu amo demais o Texas para atrair conflito e derramamento de sangue para suas terras. Não hei de fazer qualquer tentativa de manter minha autoridade como chefe-executivo deste estado, exceto pelo exercício pacífico de minhas funções. Quando não puder mais fazer isto, hei de me retirar calmamente de cena (...) Sinto-me de mãos atadas, pois não abdicarei dos princípios pelos quais lutei (...) A dor mais forte é saber que o golpe que recebo vem em nome do estado do Texas.

Parte Três

A época e o lugar

O *fim do penoso confronto militar entre Norte e Sul não restaurou a* paz e a unidade no fronte político. A batalha de Appomattox pôs fim ao conflito onde irmão disparava contra irmão; mas não deu cabo das invasões políticas, da pilhagem econômica e do ódio inter-regional que ainda assolava uma terra dividida. As implacáveis hostilidades de ambos os lados da Linha Mason-Dixon que engolfaram Daniel Webster, Thomas Hart Benton e Sam Houston continuaram intactas por duas décadas após a guerra. Aqueles no Norte que buscavam curar as feridas da nação e tratar o Sul com clemência e justiça — homens como o presidente Andrew Johnson e os senadores que ficaram ao seu lado na ocasião de seu impeachment — foram criticados pela falta de patriotismo por parte daqueles que tremularam a "camisa ensanguentada". Aqueles no Sul que buscavam demonstrar à nação que o regionalismo fanático de seus habitantes fora esquecido — homens como Lucius Quintus Cincinnatus Lamar, do Mississippi — foram atacados por seus eleitores como desertores que se rendiam aos conquistadores inimigos. Quando perguntaram ao general confederado Bob Toombs por que não pleiteou seu perdão junto ao Congresso, ele respondeu com calma e pompa: "Perdão pelo quê? Eu ainda não perdoei o Norte".

No entanto, aos poucos os velhos conflitos acerca da emancipação e da reconstrução foram desaparecendo, e a exploração do Oeste recém--aberto e do Sul pisoteado levaram novas questões e novos rostos ao Senado. O lugar não era mais o fórum para nossos maiores advogados constitucionais, dado que questões constitucionais não faziam mais parte da vida pública americana. Dinheiro fácil, fortunas repentinas, máquinas políticas cada vez mais poderosas e uma corrupção flagrante transformaram boa parte do país; e o Senado, como convém a um órgão legislativo democrático, representava fielmente a nação. Advogados corporativos e chefes políticos, e não oradores constitucionais, eram os porta-vozes dessa era ruidosa; assim, muitos dos homens talentosos da nação encontraram fama e fortuna mais facilmente no mundo das altas finanças e da indústria do que nas atividades aparentemente tediosas e ignoradas do governo. Se Daniel Webster tivesse vivido naquela época, comentou um editor, ele não teria "se endividado nem estaria no Senado". Onze novos estados foram rapidamente criados à medida que o Oeste se desenvolvia; e 22 novos senadores e uma câmara totalmente nova fugiam àquela velha e distinta atmosfera. O regionalismo, as trocas de favores e uma série de movimentos semifanáticos — entre quais o movimento da "prata livre", que envolveu Lamar, foi só o início — afligiram as deliberações do Senado sobre questões de economia interna. "Estamos nos tornando um reles apinhado de plantações de batata e repolho", queixou-se um senador, cansado das discussões constantes sobre o favoritismo local, projetos em rios e portos e indústrias que gozavam de tarifas protecionistas.

Os senadores, disse William Allen White, representavam não só um estado ou uma região, mas "privilégios, poderes e negócios":

> Um senador, por exemplo, representava a Union Pacific Railway System, outro, a New York Central, e mais um outro, os interesses das seguradoras (...) O carvão e o ferro tinham seu círculo social (...) o algodão era dono de meia dúzia de senadores. E assim por diante (...) Era um feudalismo plutocrático (...) eminentemente respeitável. Vestia-se com orgulho a camisa de qualquer grande interesse financeiro.

White relatou a suposta conversa em que o veterano senador Davis descrevia a um senador novato as características de seus colegas naqueles dias turbulentos, enquanto desciam pelas alas do Senado: "O chacal;

o abutre; o cachorro que matava ovelhas; o gorila; o crocodilo; o urubu; a velha galinha cacarejante; o pombo; o peru". E então, escreveu White, "quando a figura corpulenta de um ganancioso homem do Oeste — abrutalhado, desonesto, insolente — surgiu oscilando pesadamente, o juiz Davis apontou seu indicador atarracado para a criatura e exclamou: 'Um lobo, meu senhor; um lobo maldito, esfomeado, fujão e covarde!'."

Dessa maneira, ao fim do século XIX o Senado se encontrava praticamente no nível mais baixo ao qual já chegara em termos de poder e prestígio. O declínio senatorial começara após o fim do mandato de Grant. Antes disso, o Senado, que humilhara o presidente Johnson e dominara o presidente Grant, reinara supremo no que constituía praticamente uma forma parlamentar de governo. Os senadores chegavam a exigir lugares melhores na mesa de jantar do que os dos membros do Gabinete (que anteriormente estavam acima na hierarquia em eventos sociais). "Quando visitavam a Casa Branca", lembrou posteriormente George Frisbie Hoar, "era para dar, nunca para receber conselhos". De fato, a asserção de poder de ambas as câmaras foi ilustrada pela visita do deputado Anson Burlingame à Câmara dos Comuns. Quando um assistente lhe disse que deveria desocupar seu lugar, tendo em vista que aquela galeria em particular era reservada aos Nobres, um velho nobre sentado ali perto intercedeu: "Deixe-o ficar, deixe-o ficar. Ele é um nobre em sua própria região". "Sou um soberano em minha região, senhor", respondeu o deputado ao partir, "e rebaixaria minha casta ao me associar aos Nobres". Mas o auge do poder congressional se perdeu quando os presidentes Hayes, Garfield, Arthur e Cleveland resistiram com sucesso às tentativas do Senado de ditar os compromissos presidenciais, e o governo voltou ao sistema americano mais tradicional de freios e contrapesos da Constituição.

O declínio do poder do Senado, ademais, fora precedido por um declínio rápido de prestígio antes mesmo de questões econômicas substituírem os conflitos regionais e constitucionais. Diplomatas britânicos e canadenses sustentavam que haviam assegurado a aprovação do Tratado de Reciprocidade de 1854, certificando-se de que ele "flutuava sobre ondas de champanhe (...) Se você precisa lidar com porcos, o que se pode fazer?". Um membro do Gabinete, possivelmente lembrando-se de tal metáfora, disse com certa impaciência a Henry Adams em 1869: "Não dá para usar tato com um deputado! Os deputados são porcos! Você tem de levar uma vara e acertá-los no focinho". Com um sarcasmo sutil, Adams, que considerava a maior parte dos membros do Senado "grotesca a não mais poder", respondeu: "Se os deputados são porcos, o que são os senadores?".

Mas o Senado, apesar do declínio de poder e de estima pública durante a segunda metade do século XIX, não era formado apenas de porcos e lobos fujões. Ele ainda abrigava homens de respeito e de coragem. Dentre esses, Edmund Ross e aqueles que se mantiveram ao seu lado no julgamento do impeachment de Johnson e se sacrificaram de maneira altruísta para salvar a nação do abuso inconsequente do Poder Legislativo. E Lucius Lamar, com sua determinação delicada, porém firme, de se tornar estadista, teve papel fundamental em reconciliar a nação, preparando-a para os novos desafios que estavam por vir.

VI
Edmund G. Ross

"Eu... olhei dentro de minha cova aberta."

Num túmulo solitário, esquecido e desconhecido, repousa "o homem que salvou um presidente", e ao fazê-lo pode ter preservado para nós e para a posteridade o governo constitucional nos Estados Unidos — o homem que em 1868 efetuou o que um historiador chamou de "o feito mais heroico da história americana, incomparavelmente mais difícil que qualquer outro ato de valor no campo de batalha" — mas um senador cujo nome o país esqueceu: Edmund G. Ross, do Kansas.

O impeachment do presidente Andrew Johnson, evento em que o então obscuro Ross exerceria papel dramático, foi o sensacional ápice de contenda ferrenha entre o presidente, determinado a levar adiante as medidas de reconciliação de Abraham Lincoln com o derrotado Sul, e os líderes republicanos mais radicais no Congresso, que desejavam administrar os estados arrasados do Sul como províncias conquistadas que haviam aberto mão de seus direitos sob a Constituição. Era, acima de tudo, uma briga entre o Executivo e o Legislativo. Andrew Johnson, o tennessiano corajoso, ainda que sem tato, que fora o único membro sulista do Congresso a recusar a secessão de seu estado, comprometera-se a aplicar as políticas de Lincoln, o Grande Emancipador, cujo posto ele assumiu apenas em virtude da bala de um assassino. Ele sabia que, antes de sua morte, Lincoln batera de frente com os extremistas no Congresso, que se opuseram à sua ideia de uma reconstrução constitucional e benevolente, e tentaram fazer com que o Legislativo reinasse supremo. Seu temperamento beligerante logo destruiu qualquer esperança de que o Congresso pudesse dar as mãos e levar adiante as medidas de Lincoln, permitindo que o Sul retomasse seu lugar na União com o mínimo de atraso e controvérsia possíveis.

Em 1866, quando Edmund Ross chegou ao Senado, os dois poderes do governo já estavam um no pescoço do outro, rosnando e eriçando os pelos de raiva. O presidente vetava um projeto de lei atrás do outro, alegando que eram inconstitucionais, que tratavam o Sul com extrema severidade e que insistiam em um prolongamento desnecessário do regime militar em tempos de paz ou faziam interferências indevidas usando a autoridade do Poder Executivo. E, pela primeira vez na história dos Estados Unidos, medidas públicas importantes foram aprovadas apesar do veto do presidente e se tornaram leis sem o seu apoio.

Mas nem todos os vetos de Andrew Johnson foram revogados, e os republicanos "radicais" do Congresso perceberam prontamente que era necessário dar um último passo antes de poderem esmagar de vez seu detestável inimigo. No calor da batalha política, sua vingança foi direcionada com muito mais força ao presidente do que aos antigos rivais militares do Sul. O passo restante era assegurar dois terços de maioria no Senado — pela Constituição, essa maioria era necessária para sobrepujar um veto presidencial. E, mais importante, tal maioria era exigida constitucionalmente para que se realizasse sua maior aspiração, agora um segredo mal guardado: a condenação do presidente, seu impeachment e sua destituição do cargo!

A maioria temporária e instável que permitira aos republicanos radicais do Senado aplicar a legislação em diversas ocasiões, apesar do veto do presidente, era, como eles próprios sabiam, pouco confiável para condená-lo ao impeachment. Solidificar esse grupo se tornou o principal objetivo do Congresso, guiando de maneira explícita ou implícita suas decisões sobre outras questões — particularmente a admissão de novos estados, a readmissão dos estados do Sul e a determinação de credenciais senatoriais. Devido a métodos extremamente suspeitos, um senador pró-Johnson não pôde assumir seu cargo. Mesmo diante do veto do presidente, o estado de Nebraska foi aceito na União, trazendo consigo mais dois senadores de oposição ao governo. Embora manobras de última hora tenham fracassado em fazer com que o Colorado fosse admitido apesar do veto do presidente (com sua população escassa, o Colorado rejeitara a condição de estado num referendo), uma tragédia inesperada trouxe lágrimas fingidas e renovou as esperanças de uma nova votação, no Kansas.

O senador Jim Lane, do Kansas, fora um republicano "conservador" complacente com os planos de Johnson em levar adiante as políticas de reconstrução de Lincoln. Mas seu estado fronteiriço era um dos mais "radicais" da União. Quando Lane votou para manter o veto de Johnson à Lei dos Direitos Civis de 1866 e apresentou o projeto da administração para o reconhecimento do novo governo do Arkansas, o Kansas protestou, enfurecido. Uma reunião em massa em Lawrence denegriu a imagem do senador e rapidamente emitiu resoluções condenando fortemente sua postura. Humilhado, mentalmente perturbado, com pouca saúde e trabalhando sob acusações de irregularidades financeiras, Jim Lane tirou a própria vida no dia 1 de julho de 1866.

Sem essa pedra em seu sapato, os republicanos radicais em Washington voltaram seus olhos ávidos para o Kansas e para a seleção do sucessor de Lane. Seus sonhos foram realizados, pois o novo senador seria Edmund G. Ross, o homem que apresentara as resoluções em Lawrence atacando Lane.

Não havia dúvida de que lado Ross estava, pois sua carreira inteira fora de oposição aos estados escravistas do Sul, suas práticas e seus aliados. Em 1854, apenas com 28 anos, ele participou do resgate de um escravo fugitivo em Milwaukee. Em 1856, juntou-se ao fluxo de imigrantes antiescravidão para o Kansas, que tinha intenção de se manter um território livre. Enojado com o Partido Democrata de sua juventude, ele o deixara e se voluntariou no Exército do Estado Livre do Kansas para expulsar um grupo de apoiadores da escravidão que invadiu o território. Em 1862, deixou seu emprego num jornal para se alistar no Exército da União, de onde saiu como major. Seu papel fundamental na condenação de Lane em Lawrence convenceu os líderes dos radicais republicanos no Congresso que em Edmund G. Ross eles tinham um homem a mais para chegar àqueles dois terços vitais.

O cenário foi montado para o último ato: a remoção de Johnson. No início de 1867, apesar do veto do presidente, o Congresso aprovou a Lei do Mandato Garantido, que impedia o presidente de remover, sem o consentimento do Senado, todos os novos servidores públicos cujas nomeações exigissem a confirmação do órgão. Na época, apenas o apelo por mais favoritismo estava em jogo, já que originalmente os membros do Gabinete não corriam riscos.

No dia 5 de agosto de 1867, o presidente Johnson, convicto de que Edwin M. Stanton, o secretário de Guerra que ele herdara de Lincoln, representava uma ferramenta infiltrada dos radicais republicanos e tentava se tornar o grande ditador do Sul conquistado, pediu que ele se retirasse do cargo imediatamente. Stanton respondeu com arrogância, alegando que se recusava a pedir demissão antes do próximo encontro no Congresso. O presidente, que não era de se acovardar diante desse tipo de afronta, suspendeu Stanton uma semana depois e designou para seu lugar o único homem a quem Stanton não ousava oferecer resistência, o general Grant. Em 13 de janeiro de 1868, um Senado enfurecido notificou o presidente e Grant de que discordava da suspensão de Stanton, e o general teve que liberar o escritório para o retorno de Stanton. Mas a situação era intolerável. O secretário de Guerra ficou impossibilitado de participar das reuniões do Gabinete ou de interagir com seus colegas de governo; e em 21 de fevereiro, o presidente Johnson, ávido para levar à Suprema Corte o ato que considerava obviamente inconstitucional, removeu sumariamente Stanton mais uma vez do cargo.

Stanton se recusou a aceitar a decisão e se trancafiou em seu escritório. A opinião pública se voltou contra o presidente por todo o país. Ele quebrara a lei intencionalmente e contrariara a vontade do Congresso de maneira ditatorial! Por mais que resoluções de impeachment anteriores houvessem sido derrotadas na Câmara, tanto por comissões quanto no plenário, uma nova resolução foi rapidamente sugerida e adotada em 24 de fevereiro por uma votação esmagadora. Todos os republicanos votaram favoravelmente, e Thaddeus Stevens, da Pensilvânia — a personificação aleijada e fanática dos extremos do movimento radical republicano, mestre da Câmara dos Representantes, cuja língua era afiada como um machado —, alertou ambas as câmaras do Congresso friamente: "Quero ver qual infiel votará para que um criminoso como esse escape. Apontem-me alguém que ouse fazê-lo e mostrarei a vocês uma pessoa que se expõe ao descrédito da posteridade".

Com o presidente impugnado — na verdade, acusado — pela Câmara, o julgamento frenético que decidiria por sua condenação ou absolvição sob os Artigos de Impeachment teve início em 5 de março no Senado, presidido pelo Chefe de Justiça. Foi um julgamento para figurar entre os maiores da história — Carlos I diante da Alta Corte de Justiça, Luis XVI diante da Convenção Francesa e Warren Hastings perante a Câmara dos Lordes. Mas faltavam dois grandes elementos dramáticos: a causa pela qual o presidente estava sendo julgado não era fundamental ao bem-estar da nação; o próprio réu esteve ausente o tempo todo.

No entanto, todos os outros elementos de um dos maiores dramas de tribunal estavam presentes. Para cada senador o Chefe de Justiça exigiu o juramento de "aplicar a justiça imparcial" (incluindo até mesmo o senador radical e irritadiço de Ohio, Benjamin Wade, que, como presidente interino do Senado, era o próximo na linha de sucessão para a presidência). O promotor-chefe da Câmara era o general Benjamin F. Butler, o "açougueiro de Nova Orleans", um deputado talentoso, embora grosseiro e demagogo de Massachusetts. (Quando perdeu seu posto em 1874, era tão odiado pelo próprio partido e por seus oponentes que um republicano telegrafou acerca da surra democrata: "Butler derrotado, tudo perdido".). Cerca de mil bilhetes de entrada foram impressos para as galerias do Senado durante o julgamento, e todo e qualquer artifício concebível foi utilizado para se obter um dos quatro bilhetes concedidos a cada senador.

O drama transcorreu de 5 de março a 16 de maio. Dos onze Artigos de Impeachment adotados pela Câmara, os oito primeiros se baseavam na destituição de Stanton e na nomeação de um novo secretário de Guerra numa violação à Lei do Mandato Garantido; o nono dizia respeito a uma conversa de Johnson com um general, na qual supostamente induziria uma violação do Ato de Apropriações do Exército; o décimo relatava que Johnson realizara "discursos intemperados, inflamatórios e escandalosos (...) tanto contra o Congresso quanto contra as leis dos Estados Unidos"; e o 11º era um conglomerado deliberadamente obscuro de todas as acusações presentes nos artigos precedentes, elaborado por Thaddeus Stevens para fornecer uma base comum àqueles que eram a favor da condenação, mas não estavam dispostos a se identificar acerca de questões basilares. Em oposição aos argumentos inflamatórios de Butler que apoiavam essa acusação prematura, o conselho capacitado e erudito de Johnson respondeu com uma eficiência considerável. Segundo a defesa, a Lei do Mandato Garantido era nula e inválida, uma clara violação à Constituição; mesmo se fosse válida, não se aplicaria a Stanton pelas razões previamente mencionadas; e dizia ainda que a única maneira de se obter um teste judicial da lei seria Stanton ser dispensado do cargo e buscar seus direitos no tribunal.

Mas à medida que o julgamento avançava, tornava-se cada vez mais claro que os impacientes republicanos não pretendiam conceder ao presidente um julgamento justo no que dizia respeito às questões formais sobre as quais se pleiteava o impeachment. A intenção real deles era retirá-lo da Casa Branca sob qualquer alegação, real ou imaginária, por se recusar a aceitar suas medidas. Provas contundentes a favor do presidente foram arbitrariamente excluídas. O pré-julgamento por parte da maioria dos senadores era anunciado descaradamente. Tentativas de suborno e outras formas de pressão eram comuns. O foco principal não era o julgamento ou as evidências, mas sim o cálculo dos votos necessários para a condenação.

Vinte e sete estados (excluindo os não reconhecidos do Sul) na União equivaliam a 54 membros do Senado, e era precisos 36 votos para formar a maioria de dois terços necessária à condenação. Todos os doze votos democratas estavam obviamente perdidos, e os 42 republicanos sabiam que só podiam perder seis de seus próprios membros se quisessem que Johnson fosse destituído. Para o desalento destes, numa reunião republicana preliminar, seis corajosos senadores indicaram que as evidências apresentadas até então não eram, segundo eles, suficientes para condenar Johnson sob os Artigos de Impeachment. "Infâmia!", bradou o *Press*, da Filadélfia. A república foi "traída dentro da casa de seus próprios amigos!".

Mas se os outros 36 republicanos mantivessem seus votos, não haveria dúvidas quanto ao resultado. Todos devem se unir! Mas um senador republicano não anunciou seu veredito na enquete preliminar: Edmund G. Ross, do Kansas. Os radicais se indignaram com o fato de um senador de uma vertente tão anti-Johnson se mostrar em dúvida. "Era uma decisão muito simples", esbravejou o senador Sumner, de Massachusetts, "especialmente para um homem do Kansas. Não pensei que um homem do Kansas pudesse discordar de seu próprio estado".

Desde que Ross assumiu seu posto, os líderes radicais sempre tiveram confiança em seu voto. Seu histórico, como já citado, era de apoio à causa deles. Um de seus primeiros atos no Senado foi ler uma declaração de adesão à política dos republicanos radicais. Além disso, votara sigilosamente a favor de todas as suas medidas. Ross deixara claro que não via Andrew Johnson com bons olhos, fosse política ou pessoalmente; e após a dispensa de Stanton, ele votara com a maioria para a adoção de uma resolução que declarava tal dispensa ilegítima. Seu colega do Kansas, o senador Pomeroy, era um dos líderes mais radicais do grupo anti-Johnson. Os republicanos sustentavam que o voto crucial de Ross era deles por direito e estavam dispostos a assegurá-lo por qualquer meio necessário. Como declarou De Witt em seu memorável *Impeachment of Andrew Johnson*, "todo o impacto do confronto se concentrou no último senador que permanecia em dúvida, Edmund G. Ross".

Quando a resolução de impeachment foi aprovada pela Câmara, o senador Ross fez uma observação casual ao senador Sprague, de Rhode Island: "Bem, Sprague, agora tudo se resolve aqui; e no que me diz respeito, embora seja republicano e me oponha ao sr. Johnson e ao seu governo, acredito que ele deva ter um julgamento justo como qualquer outro homem nesta terra". Imediatamente os boatos de que "Ross estaria balançado" se espalharam. "Daquele momento em diante", escreveria ele mais tarde, "nem um só dia se passou sem que eu recebesse, pelo correio, por telegrama ou pessoalmente, algum apelo para que apoiasse o impeachment, e não foram poucos aqueles que me alertaram sobre a possibilidade de receber visitas suspeitas caso mostrasse algum sinal de hesitação".

> Por todo o país, e dentre as mais diferentes pessoas, como indicado pela correspondência de membros do Senado,

> o estado da opinião pública era como no prenúncio de uma grande batalha. A parte dominante da nação parecia ocupar a posição de promotoria pública, e mal tinha paciência para suportar o atraso do julgamento ou para ouvir a defesa. Durante o julgamento, Washington se tornara o ponto central dos insatisfeitos políticos, e pululava de representantes de todos os estados da União, exigindo praticamente em uníssono que o presidente fosse destituído. Os passos dos republicanos anti-impeachment eram seguidos dia e noite, com súplicas, considerações e ameaças. Os jornais chegavam diariamente cheios de ameaças de violência diante da traição aos seus eleitores.

Ross e os outros republicanos hesitantes eram diariamente importunados, espionados e sujeitados a todo tipo de pressão. Suas residências eram minuciosamente observadas, seus círculos sociais, escrutinados com desconfiança, e cada movimento ou companhia que os envolvesse era registrado em cadernos especiais. Eles recebiam avisos pela imprensa partidária, sermões do eleitorado e alertas diretos sobre o ostracismo político que enfrentariam e até ameaças de morte. O próprio Stanton, de sua sede barricada no Departamento de Guerra, trabalhava dia e noite para jogar sobre os ombros dos senadores em dúvida todo o peso de suas incríveis associações militares. O *Press* da Filadélfia reportou "uma assustadora avalanche de telegramas oriundos de todos os cantos do país", um grande surto de opiniões públicas das "pessoas comuns" que deram seu dinheiro e suas vidas para o país e não "aceitariam de bom grado ou passivamente seu grande sacrifício acabar em vão".

O *Tribune* de Nova York relatou que Edmund Ross, em particular, foi "arrastado implacavelmente de um lado para o outro por ambas as partes, caçado feito uma raposa dia e noite e atormentado por seus próprios colegas — como a ponte em Arcola, atravessada por um exército e em seguida pisoteada por outro". Seu passado e sua vida foram investigados de cabo a rabo e seus eleitores e colegas o perseguiam por Washington para tentar desvendar algum sinal de sua opinião. Todos os olhos estavam voltados para ele, seu nome figurava em todas as conversas e suas intenções eram analisadas em todos os jornais. Embora haja evidências de que ele tenha dado indícios de concordar com ambos os lados, e os dois tenham tentado reivindicar seu voto publicamente, Ross, na verdade, manteve as duas partes num estado de total suspense diante de seu silêncio judicial.

Mas sem qualquer experiência em agitações políticas, nenhuma reputação no Senado, nenhuma fonte de renda independente e tendo que lidar com o estado mais radical da União, acreditava-se que Ross seria o mais suscetível às críticas e o mais inclinado a ser seduzido pelas táticas dos especialistas. Um comitê formado por deputados e senadores enviou ao Kansas e aos estados dos outros senadores republicanos em dúvida o seguinte telegrama: "Grande perigo à paz da nação e à causa republicana caso o impeachment fracasse. Enviem a seus senadores opiniões públicas por meio de resoluções, cartas e delegações". Um membro da Assembleia Legislativa do Kansas convocou Ross ao Capitólio. Um general recrutado por Stanton permaneceu em seu aposento até as quatro da manhã, determinado a vê-lo. Seu irmão recebera uma carta oferecendo 20 mil dólares para que revelasse as intenções do senador. O impaciente Ben Butler exclamou sobre Ross: "É dinheiro que não acaba! Quanto quer esse patife?". Na noite anterior ao dia em que o Senado daria seu primeiro voto pela condenação ou absolvição de Johnson, Ross recebeu o seguinte telegrama de casa:

> O Kansas ouviu as evidências e exige a condenação do presidente.
>
> *(assinado)* D.R. Anthony e outros mil

E naquela fatídica manhã de 16 de maio, Ross respondeu:

> A D.R. Anthony e os outros mil: não reconheço vosso direito de exigir que eu vote a favor ou contra a condenação. Jurei fazer justiça imparcial segundo a Constituição e as leis, e confio na coragem de votar segundo o que dita meu bom senso e em nome do bem maior do país.
>
> *(assinado)* E.G. Ross

Naquele dia, espiões seguiram Ross até o local em que tomaria seu café da manhã; e dez minutos antes da votação seu colega do Kansas o alertou, na presença de Thaddeus Stevens, que um voto pela absolvição resultaria em acusações forjadas e em sua morte política.

Mas agora a hora fatídica chegara. Fugir, protelar ou hesitar era impossível. Como descreveria o próprio Ross posteriormente: "As galerias estavam lotadas. Bilhetes de entrada eram vendidos por preços altíssimos. A Câmara suspendera a sessão e todos os seus membros estavam no salão do Senado. Todos os assentos estavam ocupados por senadores, oficiais do Gabinete, membros do conselho do presidente ou membros da Câmara". Todos os senadores ocupavam suas cadeiras. Bastante doente, Grimes, de Iowa, teve, literalmente, de ser carregado até seu assento.

Ficou decidido que a primeira votação trataria do mais abrangente 11º Artigo de Impeachment, o qual supostamente receberia maior apoio. Quando o Chefe de Justiça anunciou o início da votação, ele lembrou "aos cidadãos e estranhos nas galerias que eram exigidos silêncio absoluto e a mais perfeita ordem". Mas o salão do Senado já estava envolto numa aura de imobilidade quase cadavérica. Um deputado recordaria posteriormente que "alguns dos membros da Câmara (...) ficaram pálidos e sentiram-se enjoados sob a tensão do suspense"; e Ross observou que havia até "uma diminuição do barulho dos passos, do farfalhar de tecidos, do tremular de leques e de qualquer tipo de conversa".

A votação começou tomada de nervosismo. Quando o Chefe de Justiça chegou ao nome de Edmund Ross, a palavra "culpado" já havia sido pronunciada 24 vezes. Outros dez votos eram certos, e havia mais um praticamente definido. Faltava apenas o voto de Ross para se obter os 36 necessários à condenação do presidente. Mas nem uma só pessoa naquele salão sabia como votaria aquele jovem do Kansas. Incapaz de disfarçar a incerteza e a emoção em sua voz, o Chefe de Justiça lhe colocou a questão: "Sr. Senador Ross, como o senhor vota? O réu Andrew Johnson é culpado ou inocente de um grave delito conforme acusado neste Artigo?". Todas as vozes se calaram; todos os olhos se voltaram para o senador novato do Kansas. Os medos e as esperanças, o ódio e o rancor das décadas anteriores se concentravam na figura daquele único homem.

Como descreveria Ross posteriormente, sua "capacidade de ver e ouvir parecia ter se desenvolvido num nível anormal".

> Todos os indivíduos naquela enorme audiência pareciam nitidamente visíveis. Alguns abriam os lábios e se curvavam com expectativa e ansiedade, outros erguiam a mão como se quisessem bloquear um golpe (...) Cada um deles o olhava com uma intensidade quase trágica enquanto esperavam aquele voto decisivo (...) Dobraram-se todos os leques, nenhum pé se movia, nenhum traje farfalhava, não se ouvia sequer um sussurro (...) A esperança e o medo pareciam misturados em cada rosto, alternando-se de um instante a outro, alguns carregados de um ódio vingativo (...) outros iluminados de esperança (...) Em suas cadeiras, os senadores se curvaram sobre as mesas, muitos levando a mão ao ouvido (...) Era uma enorme responsabilidade, e não era de se estranhar que aquele sobre quem, por uma combinação fatídica de fatores, ela recaíra, tentaria evitá-la, mandá-la embora como alguém foge ou luta contra um pesadelo (...) Eu, de maneira quase literal, olhei dentro de minha cova aberta. Amizades, posição, fortuna, tudo que desperta o desejo de um homem ambicioso estava para ser levado embora pela respiração que saía da minha boca, talvez para sempre. Não é de se estranhar que minha resposta tenha flutuado hesitantemente pelo ar e sequer chegado aos limites da audiência, ou que a repetição fosse solicitada por senadores distantes do outro lado da Câmara.

Ouviu-se então mais uma vez a resposta, impossível de ser interpretada de outra maneira. Plena, final, definitiva, firme e inconfundível: "Inocente". Estava acabado, o presidente fora salvo, o julgamento, encerrado, e a condenação, perdida. O restante dos votos não teve importância; a condenação não acontecera por causa de um único voto, e um murmúrio geral tomou conta do salão até o Chefe de Justiça proclamar que "neste artigo, 35 senadores votaram pela culpa e dezenove pela inocência. Como o número de votos necessários para a condenação não alcançou uma maioria de dois terços, o presidente está absolvido sob este artigo".

Seguiu-se um recesso de dez dias — dez turbulentos dias para mudar os votos nos artigos remanescentes. Houve uma tentativa de se apressar, por meio de projetos de lei, a readmissão de seis estados do Sul, cujos doze senadores votariam pela condenação. Mas tal artifício não pôde ser realizado a tempo. Uma vez mais, Ross era o único não comprometido acerca dos outros artigos, o único cujo voto não podia ser previsto antecipadamente. E mais uma vez ele foi submetido a uma terrível pressão. De "D.R. Anthony e outros" ele recebeu um telegrama informando-o que "o Kansas o repudiava, assim como fazia com todos os perjuros e seres desprezíveis". Todo incidente em sua vida foi examinado e distorcido. Testemunhas profissionais foram encontradas pelo senador Pomeroy para atestar diante de um comitê especial da Câmara que Ross manifestara uma disposição para mudar de voto em troca de uma compensação. (Infelizmente essa testemunha ficou tão animada com seu papel que também jurou que o senador Pomeroy oferecera 40 mil dólares para conseguir três votos pela absolvição.) Quando Ross, em sua função como presidente do Comitê, levou diversos projetos de lei ao presidente, James G. Blaine observou: "Lá vai o patife buscar seu pagamento." (Muito depois, Blaine admitiria: "Em meio a denúncias exageradas causadas pela raiva e o pesar do momento, grandes injustiças foram feitas a estadistas de caráter imaculado".)

Os rumores de que Ross cedera aos Artigos de Impeachment remanescentes voltaram a se espalhar. Quando o Senado se reuniu, ele foi o único dos sete republicanos "renegados" a votar com a maioria em questões processuais preliminares. Mas quando o segundo e o terceiro Artigos de Impeachment foram lidos e chegou-se ao nome de Ross com a mesma tensão de dez dias antes, mais uma vez foi ouvida a resposta serena: "Inocente".

Por que Ross, que continuava não gostando de Johnson, votava em sua inocência? Seus motivos parecem claros nos textos sobre o tema que escreveria anos mais tarde para as revistas *Scribner's* e *Forum*:

> Num sentido mais amplo, a independência do Executivo como um poder coordenado do governo estava em julgamento (...) Se (...) o presidente tivesse de deixar o cargo (...) na condição de um homem desonrado e como um pária político (...) levando-se em consideração provas insuficientes e considerações partidárias, o cargo de presidente seria rebaixado, deixando de ser um poder coordenado do governo e passando a se submeter eternamente à vontade do Legislativo. Teria sido praticamente uma revolução, transformando nossa esplêndida estrutura política numa autocracia partidária congressional (...) Este governo jamais enfrentara um perigo tão pérfido (...) o controle pelo pior elemento da política americana (...) Se Andrew Johnson fosse inocentado por um voto não partidário (...) a América descartaria o risco do domínio partidário e da intolerância, que tantas vezes caracteriza as oscilações das grandes maiorias e as torna perigosas.

A "cova aberta" que Edmund Ross vislumbrara não era nenhum exagero. Um juiz da Suprema Corte do Kansas lhe enviou um telegrama dizendo que "a corda com que Judas Iscariotes se enforcou não pôde ser achada, mas a pistola de Jim Lane está à sua disposição". Um editorial num jornal do Kansas bradava:

> No último sábado, Edmund G. Ross, senador americano pelo Kansas, vendeu a si mesmo e traiu seus eleitores; ridicularizou seu próprio passado, mentiu cruelmente para seus amigos, violou de maneira vergonhosa sua promessa solene (...) e com o máximo de sua incapacidade assinou a garantia de morte da liberdade de seu país. Tal ato foi feito deliberadamente, pois o traidor, assim como Benedict Arnold, amava mais o dinheiro do que os princípios, os amigos, a honra e seu país, todos juntos. Um patife desgraçado, deplorável e insignificante, com uma alma tão pequena que um pouco de dinheiro lhe é mais

caro que todas as coisas que dignificam ou enobrecem a humanidade.

A carreira política de Ross chegou ao fim. Para o *Tribune* de Nova York, ele nada mais era que um "covarde miserável e traidor". O *Press* da Filadélfia disse que em Ross a "pequenez dera seu legítimo fruto", e que ele e os outros republicanos recalcitrantes "mergulharam do alto de um precipício de fama para dentro das profundezas rastejantes da infâmia e da morte". O *Inquirer* da Filadélfia disse que "eles julgaram, condenaram e sentenciaram a si próprios". Para eles não haveria "misericórdia ou clemência".

Uma paz relativa voltou a tomar conta de Washington. Stanton renunciou ao cargo e Johnson serviu até o fim de seu mandato, para depois — diferentemente de seus defensores republicanos — retornar de maneira triunfante ao Senado como senador do Tennessee. Mas ninguém deu ouvidos quando Ross tentou, sem sucesso, explicar seu voto e denunciou as mentiras da comissão investigativa de Ben Butler, recordando que "os famosos instintos rastejantes e a tendência à sujeira e à imundície" do general levaram "o público a insultar a bruta criação batizando-o de 'a besta'". Muito insatisfeito, ele se manteve agarrado à sua cadeira no Senado até o fim do mandato, frequentemente chamado de "o traidor Ross" e lamentando que seus colegas do Congresso, assim como os cidadãos pelas ruas, considerassem qualquer associação com ele algo "infame e desonroso", ignorando-o como se fosse "um leproso, virando o rosto e demonstrando sinais claros de ódio e aversão".

Nem Ross nem tampouco qualquer outro republicano que votara na inocência de Johnson foram reeleitos ao Senado, assim como nenhum deles manteve o apoio da organização do partido. Quando voltou ao Kansas em 1871, Ross e sua família sofreram com o ostracismo social, ataques físicos e uma situação de quase pobreza.

Quem foi Edmund G. Ross? Praticamente ninguém. Nem uma só lei pública carrega seu nome, nem um só livro de história traz seu retrato, nem uma só lista com os "grandes" do Senado menciona seus serviços. Seu único feito heroico foi praticamente esquecido. Mas quem poderia ter sido Edmund G. Ross? É essa a questão a ser feita, pois Ross, um homem com um excelente comando das palavras, um excelente histórico para a política e um excelente futuro no Senado, poderia muito bem ter superado seus colegas em prestígio e poder numa longa carreira no Senado. Em vez disso, escolheu abrir mão de tudo em nome de um ato de consciência.

Mas o caminho sinuoso dos acontecimentos humanos eventualmente confirmou a convicção que ele expressara à sua esposa pouco após o julgamento: "Milhões de homens que hoje me amaldiçoam amanhã irão me abençoar por salvar o país do maior perigo pelo qual já passou, por mais que ninguém além de Deus saiba o quanto isso me custou". Vinte anos mais tarde, o Congresso revogou a Lei do Mandato Garantido, à qual todos os presidentes que sucederam Johnson, independentemente de partido, fizeram objeção; e mais à frente a Suprema Corte, referindo-se aos "extremos daquele episódio em nosso governo", considerou-a inconstitucional. Ross se mudou para o Novo México, onde já em idade avançada, foi nomeado governador territorial. Somente pouco antes de sua morte, quando o Congresso lhe concedeu uma pensão especial pelos serviços prestados durante a Guerra Civil, foi que a imprensa e o país aproveitaram a oportunidade para homenagear sua fidelidade aos princípios numa hora difícil e sua coragem em salvar o governo de um devastador reino de terror. Eles agora concordavam com a conclusão anterior de Ross sobre seu voto ter "salvado o país (...) de uma tensão que teria acabado com qualquer outra forma de governo". Os jornais e líderes políticos do Kansas que o criticaram duramente anos antes elogiaram Ross por sua posição contra a tirania da maioria legislativa:

> Por meio da firmeza e da coragem do senador Ross, o país foi salvo de uma calamidade maior que a guerra, ao mesmo tempo que infligia a ele um martírio político, o mais cruel de nossa história (...) Ross foi a vítima do fogo selvagem da intolerância, que consumiu tudo à sua frente. Ele fez seu trabalho, mesmo sabendo que aquilo significaria sua morte política. (...) Foi um ato de bravura por parte de Ross, mas ele o fez. Agiu de acordo com sua consciência e com um patriotismo sublime, sem se

> importar com as consequências desastrosas que aquilo traria para si. Ele agiu certo.

Eu não poderia encerrar a história de Edmund Ross sem mencionar de maneira mais adequada aqueles seis republicanos corajosos que ficaram ao seu lado e enfrentaram as críticas para inocentar Andrew Johnson. Edmund Ross, mais do que qualquer um desses seis colegas, teve de suportar mais antes e depois de seu voto. Teve também mais dificuldade para chegar a uma decisão consciente, e foi ele que, com seu silêncio, despertou o maior interesse e o maior suspense antes de 16 de maio. Sua história, assim como seu voto, foram a chave para a tragédia do impeachment. Mas todos os sete republicanos que votaram contra a condenação devem ser lembrados por sua coragem. Nenhum deles jamais foi reeleito ao Senado. Nenhum deles escapou da combinação profana de ameaças, subornos e táticas de coerção com a qual seus colegas republicanos tentaram intimidar seus votos; e nenhum deles escapou da terrível tortura de críticas maldosas originadas pelos votos que deram pela absolvição.

William Pitt Fessenden, do Maine, um dos senadores, oradores e advogados mais célebres de sua época e um importante e veterano líder republicano, que admirava Stanton e se opunha a Johnson, logo se convenceu de que "a coisa toda era simplesmente uma loucura".

> O país tem uma opinião tão ruim do presidente, completamente merecida, que espera por sua condenação. Apesar das consequências pessoais que hei de sofrer, apesar do que eu pense e sinta como político, não irei de encontro à minha própria consciência. Prefiro ser obrigado a plantar repolho pelo resto dos meus dias (...) Decida, se necessário for, me acusar de traição ou me ridicularizar. Todas as formas de abuso imagináveis foram praticadas contra mim pelos homens e pelos jornais devotos aos impugnadores. Recebi inúmeras cartas de amigos me alertando que estarei cavando minha própria cova política se não votar pela condenação, e muitas outras me

> ameaçando de morte. É um tanto difícil a esta altura da vida, após uma longa carreira, me encontrar na posição de alvo de flechas apontadas por parte daqueles a quem fielmente servi. O povo, quando incitado e tomado por paixões e preconceitos, não é muito diferente de uma fera selvagem. Irei, sob qualquer circunstância, manter meu respeito próprio e a consciência limpa, e o tempo há de fazer justiça a minhas motivações.

Os republicanos radicais estavam determinados a convencer o respeitado Fessenden, cujo nome seria a primeira dúvida na lista de chamada, e a correspondência que este recebia do Maine era insultante, ameaçadora e suplicante. Wendell Phillips disse desdenhosamente a um público agitado que "eram necessários seis meses para uma ideia política chegar à mente do sr. Fessenden. Não digo que seja inepto; é apenas muito lento".

Fessenden decidiu evitar todos os jornais e esconder sua correspondência. Mas quando um de seus mais antigos amigos políticos no Maine insistiu para que ele "pendurasse Johnson pelos calcanhares feito um corvo morto num milharal para amedrontar todos de sua laia", acrescentando ter "certeza de expressar o sentimento unânime de todos os corações e mentes leais desse estado", Fessenden respondeu indignado:

> Estou agindo como um juiz (...) com que direito pode um homem sem qualquer tipo de responsabilidade, e que nem mesmo ouviu as evidências, me aconselhar sobre os rumos que tomará o julgamento e até sobre a sentença? Quero que todos os meus amigos e eleitores entendam que eu, e não eles, tenho a incumbência de julgar o presidente. Eu, e não eles, jurei fazer justiça com imparcialidade. Eu, e não eles, sou responsável perante homens e Deus pelos meus atos e suas consequências.

Naquela trágica tarde de 16 de maio, como descreveu Ross, o senador Fessenden "estava em seu lugar, pálido e abatido, e ainda assim pronto para o martírio político que estava prestes a enfrentar, e que pouco depois o levou ao túmulo".

O primeiro senador republicano a proferir a palavra "inocente" — e o primeiro dos sete a ir para o túmulo, atormentado pelas críticas implacáveis que ofuscaram qualquer esperança de reeleição — foi William Pitt Fassenden, do Maine.

John B. Henderson, do Missouri, um dos membros mais jovens do Senado, demonstrara anteriormente grande coragem ao apresentar a Décima Terceira Emenda abolindo a escravidão, simplesmente porque tinha a convicção de que ela só seria aprovada caso fosse apoiada pelo senador de um estado escravista, o que necessariamente representaria sua morte política. Mas quando a delegação inteira de representantes republicanos do seu estado o acuou em seu escritório para exigir a condenação do odiado Johnson, alertando-o de que os republicanos do Missouri não suportariam qualquer outro curso de ação, a coragem habitual de Henderson titubeou. Ele humildemente ofereceu entregar seu cargo ao governador por telégrafo, permitindo que uma nova pessoa fosse nomeada para votar a favor da condenação; e quando surgiu a dúvida quanto à possibilidade de um novo senador votar, ele concordou em verificar se seu próprio voto seria crucial.

No entanto, um telegrama insolente e ameaçador do Missouri restaurou seu senso de honra, e rapidamente Henderson enviou sua resposta por telégrafo: "Diga aos meus amigos que jurei fazer justiça de maneira imparcial, de acordo com a lei e com minha consciência, e tentarei fazer meu trabalho como homem honesto".

John Henderson votou pela absolvição, no último ato relevante de sua carreira senatorial. Criticado, ameaçado e vilipendiado no Missouri, nem mesmo tentou se reeleger ao Senado. Anos mais tarde seu partido perceberia sua dívida para com ele, e o reintegraria em cargos mais baixos, mas para o Senado, cuja integridade ele defendera, Henderson estava acabado.

Peter Van Winkle, da Virginia Ocidental, último nome republicano em dúvida a ser chamado em 16 de maio, era, assim como Ross, um "ninguém"; mas seu voto cheio de segurança pela absolvição extinguiu a última centelha de esperança que Edmund Ross havia praticamente destruído. Os republicanos contavam com Van Winkle — primeiro senador americano pela Virginia Ocidental e opositor à destituição de Stanton; e por sua coragem ele foi batizado de "o traidor da Virginia Ocidental" pelo *Intelligencer* de Wheeling, que declarou ao mundo não haver um só cidadão leal no estado que não fora mal representado por seu voto. Van Winkle foi mais um a garantir sua retirada permanente da política assim que seu mandato se encerrou.

O veterano Lyman Trumbull, de Illinois, que derrotara Abe Lincoln para o Senado, esboçara uma parte importante da grande reconstrução legislativa, vetada por Johnson, e votara pela censura do presidente diante da destituição de Stanton.

Mas, aos olhos do *Press* da Filadélfia, seu "estadismo se transformou em egoísmo", pois, resistindo a uma enorme pressão, ele votou contra a condenação. Uma convenção republicana em Chicago concluiu que "qualquer senador eleito pelos votos de republicanos da União, que no presente momento hesita e trai, é uma pessoa infame e deve ser desonrado e execrado enquanto perdurar este governo livre". E um líder republicano de Illinois alertara o distinto Trumbull "para não aparecer pelas ruas de Chicago, pois temo que os representantes de um povo indignado o enforquem no primeiro poste".

Mas Lyman Trumbull, encerrando uma carreira brilhante de serviço público e dedicação ao partido que o repudiaria, deixou para a posteridade estas duradouras palavras:

> A questão a ser decidida não é se Andrew Johnson é a pessoa certa para o cargo de presidente, nem se é conveniente que permaneça nele (...) Uma vez decretado, o exemplo de impugnar um presidente pelo que, quando a agitação da Câmara tiver acalmado, será visto como causa insuficiente, nenhum futuro presidente estará a salvo caso discorde de uma maioria da Câmara e de dois terços do Senado sobre qualquer medida que estes julguem importante (...) O que acontecerá então aos freios e contrapesos da Constituição, criados com tanto esmero e tão vitais para sua perpetuidade? Todos se perderão (...) Não posso ser um instrumento para que tal resultado seja alcançado, e sob o risco de romper até

> mesmo laços de amizade e afeto, até que tempos mais tranquilos tragam justiça às minhas motivações, nenhuma alternativa me sobra que não a destituição do cargo.

Joseph Smith Fowler, do Tennessee, assim como Ross, Henderson e Van Winkle, também um senador novato, de início considerou o presidente impugnável. Mas o ex-professor de Nashville ficou horrorizado com o ímpeto tresloucado da Câmara em apressar a decisão sobre a impugnação valendo-se de evidências contra Johnson "baseadas em mentiras" e pelo "corrupto e indigno" Ben Butler, "um homem perverso que busca converter o Senado dos Estados Unidos numa guilhotina política". Ele se recusou a ser conduzido pelo cabresto por "políticos inquietos em meio a tempos confusos (...) que mantinham acesas as brasas da revolução recém-encerrada". Ameaçado, investigado e difamado por seus colegas republicanos radicais, Fowler gaguejou de tanto nervosismo em sua resposta no dia 16 de março, que inicialmente ela foi confundida com a palavra "culpado". Uma onda de triunfo tomou conta do Senado — Johnson fora condenado, o voto de Ross não seria necessário! Mas logo em seguida veio a resposta clara e nítida: "inocente".

Como sua reeleição seria impossível, Fowler se aposentou discretamente do Senado ao fim de seu mandato dois anos mais tarde, mas não sem antes fazer uma declaração em defesa de seu voto: "Agi em nome do meu país e da posteridade, obedecendo a vontade de Deus".

James W. Grimes, de Iowa, um dos maiores e mais influentes inimigos de Johnson no Senado, estava convicto de que o julgamento nada mais era que um artifício para agitar o ânimo popular por meio de "mentiras contadas pelas criaturas mais desprezíveis e irresponsáveis da face da terra" (uma indicação, talvez, da melhoria da qualidade dos correspondentes de Washington nos últimos 87 anos).

Infelizmente, os insultos e ameaças que acumulou durante o julgamento lhe provocaram um ataque de paralisia apenas dois dias antes da votação, e Grimes ficou confinado à sua cama. Os republicanos radicais, negando qualquer possibilidade de adiamento, ficaram satisfeitos, certos de que Grimes estaria doente demais para comparecer em 16 de maio ou que alegaria que sua enfermidade o teria impedido de estar presente à sessão para dar o voto que colocaria um fim à sua carreira. Nas galerias, o público cantava: "O velho Grimes morreu, aquele velho malvado, nunca mais o veremos". E no *Tribune* de Nova York, Horace Greeley escrevia: "Parece que nenhuma geração deixa de nos oferecer um homem para ocupar seu posto sujeito às advertências da história. Tivemos Benedict Arnold, Aaron Burr, Jefferson Davis, e agora temos James W. Grimes".

Mas James W. Grimes era um homem de extrema força física e moral, e pouco antes do início da votação, em 16 de maio, quatro homens carregaram o senador de Iowa, pálido e abatido, até seu assento. Ele escreveria mais tarde que Fessenden segurara sua mão e lhe dera um "sorriso de glória (...) Eu não trocaria hoje esta memória pela maior condecoração possível". O Chefe de Justiça disse que ele poderia permanecer sentado durante a votação, mas, com a assistência de seus amigos, o senador Grimes fez um enorme esforço para se colocar de pé e, num tom de voz surpreendentemente firme, proferiu sua decisão: "inocente".

Vilipendiado, acusado pela imprensa de "imbecilidade e decrepitude", e repudiado por seu estado e por seus amigos, Grimes jamais se recuperou, mas antes de morrer declarou a um amigo:

> Agradeço a Deus por naqueles tempos conturbados do julgamento, quando muitos confessaram em privado terem sacrificado sua decisão e sua consciência em nome de jornais e do ódio partidários, ter a coragem de me manter fiel ao meu juramento e à minha consciência (...) Talvez eu tenha errado em não cometer perjúrio por ordem de um partido; mas não é assim que vejo (...) Tornei-me juiz agindo por responsabilidade própria e guiado apenas pela minha própria consciência e pelo Criador; e poder algum seria capaz, num caso como aquele, de me forçar a tomar uma decisão contrária às minhas convicções, fosse o partido composto por meus amigos ou por meus inimigos.

VII

Lucius Quintus Cincinnatus Lamar

"Hoje tenho de ser verdadeiro ou falso..."

Ninguém jamais vira aquele político veterano e calejado, o presidente da Câmara, James G. Blaine, chorar. Mas ali estava ele, sentado, com lágrimas que desciam sem pejo pelo rosto, incapaz de esconder suas emoções dos membros da Câmara e de seus espectadores. Mas poucos no salão ou nas galerias naquele dia dramático em 1874 prestavam atenção ao sr. Blaine, e a maioria nem mesmo tentava esconder as próprias lágrimas. Democratas e republicanos, veteranos com suas cicatrizes da Guerra Civil e da violência da política, sentavam-se imóveis num silêncio sombrio, ouvindo as súplicas urgentes do deputado novato do Mississippi. Falando de maneira simples e clara, sem recorrer aos habituais truques retóricos, sua voz profunda e encorpada tocava os corações de todos os ouvintes com seu apelo singelo por amizade e justiça entre Norte e Sul.

Todos ficaram, sim, comovidos com sua mensagem; mas também perplexos com seu impacto, pois Lucius Lamar, do Mississippi, fazia seu apelo em nome do inimigo mais implacável do Sul, o republicano radical que contribuíra para fazer do período de reconstrução um pesadelo tenebroso que o Sul jamais esqueceria: Charles Sumner, de Massachusetts. Charles Sumner, que acusara Daniel Webster de traição por tentar ajudar o Sul na União; que ajudara a crucificar Edmund Ross por seu voto contra a oclocracia congressional que teria pisoteado o Sul e a presidência; cuja própria morte foi adiantada pela terrível bengalada que recebeu no salão do Senado anos antes por parte do deputado Brooks, da Carolina do Sul (que se tornou com tal ato um herói no Sul); Charles Sumner agora estava morto. E Lucius Lamar, conhecido nos dias pré-guerra como um dos engolidores de fogo mais radicais a sair dos confins do Sul, encontrava-se de pé no salão da Câmara e lhe prestava uma tocante homenagem lamentando sua partida.

Pois antes de morrer, contou Lamar ao silencioso público, Charles Sumner,

> passou a acreditar que todas as situações de conflito e desconfiança entre Norte e Sul haviam ficado para trás (...) Não é aquele o sentimento geral — e se não é, deveria ser — da grande maioria de nosso povo, Norte e Sul? (...) Não deveríamos, sobre os honrosos despojos (...) deste sincero requerente pelo exercício da sensibilidade e da caridade humana, colocar de lado as dissimulações que servem apenas para perpetuar mal-entendidos e desconfiança, e confessar francamente que ambas as partes desejamos sinceramente nos tornar um (...) em sentimentos e no coração? (...) Se o espírito do ilustre falecido a quem lamentamos hoje pudesse falar do túmulo para ambos os lados desta deplorável discórdia, com tons que alcançassem cada coração neste vasto território, ele diria: "Meus compatriotas! Conheçam um ao outro e vocês amarão uns aos outros!".

Fez-se um silêncio sinistro — um silêncio de meditação e choque. E então uma espontânea salva de palmas eclodiu por todos os cantos. "Meu Deus, que discurso!", disse o deputado Lyman Tremaine, de Nova York, a "Pig Iron" Kelly, da Pensilvânia. "Ecoará por todo o país."

Poucos discursos na história política americana tiveram impacto tão imediato. Da noite para o dia, Lamar foi elevado ao primeiro escalão no Congresso e no país. E o mais importante: o discurso marcou a virada nas relações entre Norte e Sul. Duas semanas após a homenagem a Sumner, Carl Schurz, do Missouri, se apresentou diante de 10 mil cidadãos de Boston e aclamou Lamar como o profeta de uma nova era nas relações entre Norte e Sul. O *Globe* de Boston classificou o discurso de Lamar sobre Sumner como "uma evidência da restauração da União no Sul"; e o *Advertiser* de Boston afirmou que aquela era a "elocução mais significativa e esperançosa vinda do Sul desde a guerra".

Era inevitável que algumas pessoas, tanto no Norte quanto no Sul, não o compreendessem. Os nortistas, cujo poder político dependia da manutenção da hegemonia federal sobre os antigos estados da Confederação, resistiam a qualquer esforço no sentido de sanar conflitos regionais. Depois que suas lágrimas secaram, James Blaine escreveu sobre o discurso: "Trata-se de um claro sinal de talento que um representante do Sul preste uma homenagem tão férvida e distinta ao sr. Sumner, mesclando-a com uma defesa do que o sr. Sumner, assim como John Wesley, acreditava ser a soma de todas as vilanias".

Os sulistas, para quem Charles Sumner simbolizava o pior do movimento abolicionista pré-guerra e da reconstrução pós-guerra, se sentiram traídos. Diversos dos principais jornais do Mississippi, incluindo o *Democrat* de Columbus, o *Mail* de Canton e o *Mercury* de Meridian, criticaram Lamar duramente, assim como fizeram muitos de seus velhos amigos, alegando que ele abdicara do princípio e da honra do Sul. À sua mulher, Lamar escreveu:

> Ninguém aqui acha que rebaixei a bandeira do Sul, mas a imprensa sulista está em cima de mim (...) Nosso povo já sofreu tanto, foi traído tantas vezes por aqueles em quem tinham os motivos mais fortes para confiar, que é natural que desconfiem de qualquer palavra ou ato de abertura em relação ao Norte por parte de um sulista. Mas eu sei que fiz o bem (...) que despertei compaixão onde antes existia hostilidade. Se o Sul me condenar, ainda que não me sinta indiferente à sua desaprovação, não hei de me

> sentir (...) ofendido. Hei de me alegrar ao pensar que lhe proporcionei algum benefício. Esta é a hora de um homem público tentar servir o Sul e não de atiçar sua irritação (...) Não hei de servir a qualquer outro interesse que não os dele e hei de me retirar à vida privada de maneira calma e discreta caso seu povo não me aprove.

Tais ataques, entretanto, eram uma minoria. Norte e Sul reconheciam generalizadamente que o discurso que tinha tudo para ser um desastre fora, na verdade, um triunfo notável. Ficara óbvio que, movido pelas estranhas forças da história e do destino pessoal, o homem e a ocasião se encontraram naquele dia em Washington.

Quem era o homem?

Lucius Quintus Cincinnatus Lamar era, em 1874, um "homem público". Nenhuma questão menor, trivialidade política ou mesmo algum assunto particular podia abalar seu intelecto. Nenhuma consideração partidária, pessoal ou regional prevaleceria sobre sua dedicação ao interesse nacional e à verdade. Ele não era apenas um estadista, mas também um homem culto e um dos poucos pensadores originais de seu tempo. Henry Adams o considerava um dos "homens mais calmos, sensatos e amigáveis nos Estados Unidos, com um charme social bastante incomum. Acima de tudo (...) ele tinha tato e humor". Henry Watterson, famoso repórter de Washington, o classificou como "um homem bastante interessante e adorável (...) Acredito que Lamar seja o homem com o maior cérebro dentre todos que conheci em Washington". E o senador Hoar certa vez observou:

> O falecido Matthew Arnold costumava dizer que os homens públicos americanos não eram dotados do que ele chamava de "distinção". Ninguém diria isso sobre o sr. Lamar. Ele seria uma personalidade conspícua em qualquer lugar, com caráter e qualidades próprias. Era uma figura muito interessante, notável e nobre.

O conhecido correspondente de Washington, William Preston Johnson, escreveu: "Os Lamars são de origem huguenote. O dote fatal da genialidade estava presente naquela casa. Tudo que de lá saía deixava seu toque, sua inspiração, seu triunfo e certa parcela de sua desventura". Uma chamada de presença na casa de seu pai era uma experiência impressionante; os tios de Lucius Lamar incluíam Mirabeau Bonaparte, cujo ataque em San Jacinto rompeu a linha mexicana e fez dele o segundo presidente da República do Texas; Jefferson Jackson, Thomas Randolph e Lavoisier LeGrand, indicando que o responsável por escolher os nomes tinha interesses que iam da história à política e da política à química. Mas aquele toque fatal de genialidade e melancolia marcara seu pai, que, aos 37 anos, com uma carreira notável na Ordem dos Advogados da Georgia pela frente, num período de intensa depressão, despediu-se da mulher e dos filhos, foi até o quintal e disparou contra si próprio.

O humor sorumbático e a depressão também acompanharam Lamar pela vida inteira. Por mais que nunca o tenham dominado, seus contemporâneos observaram sua autoabsorção, sua natureza sensível e por vezes taciturna. Sua juventude foi, de maneira geral, feliz, numa fazenda na área de onde Joel Harris tiraria suas histórias do Tio Remus e o Irmão Coelho. O próprio Lamar ficaria famoso posteriormente por suas histórias sobre o Sul rural, como observou Henry Adams ao destacar o quanto ele seria eficiente como representante da Confederação em Londres: "A sociedade londrina teria ficado admirada com ele; suas histórias alcançariam grande sucesso; ele seria amado por seus modos; sua oratória teria conquistado qualquer público".

Sob a orientação da mãe, Lamar demonstrou desde o início uma aptidão notável para os estudos. Muitos anos mais tarde, diria: "Livros! Eu vivia cercado de livros. Lembro que o primeiro livro que minha mãe colocou em minhas mãos foi a *Autobiografia* de [Benjamin] Franklin". O segundo foi *História*, de Rollin, o mesmo volume sobre o qual John Quincy Adams se debruçou aos nove anos de idade muito tempo antes. Lamar estudou bastante sobre diplomacia e direito, mas também era apaixonado por literatura leve, como descobriram diversos correspondentes anos mais tarde, quando ajudaram-no a recolher alguns livros que caíram acidentalmente de dentro de sua pasta de trabalho quando entrava na Casa Branca para uma reunião de Gabinete. Eram todos romances baratos!

O Emmory College, onde Lamar estudou, era um reduto dos direitos estaduais. Seu presidente, membro da célebre família Longstreet, era um ávido seguidor de Calhoun, e sua influência sobre Lamar, sempre forte, aumentou quando este se casou com sua filha. Longstreet deixou a Georgia para assumir a presidência da Universidade Estadual de Oxford, no Mississippi, e Lamar o acompanhou para advogar e ensinar. Na universidade, foi presenteado com a oportunidade que daria início a sua carreira pública.

Em 5 de março de 1850, a Assembleia Legislativa do Mississippi adotou uma série de resoluções instruindo os representantes do estado a votar contra a admissão da Califórnia. Quando o senador Foote ignorou essas instruções, numa demonstração notável de coragem, Lamar foi selecionado por um comitê de democratas de direitos estaduais para debater com o senador quando este voltou ao Mississippi para concorrer ao cargo de governador. Lamar tinha apenas 26 anos, era novo no estado e na vida política da época, e teve somente algumas horas para se preparar para o debate contra um dos políticos mais habilidosos e agressivos daqueles tempos. Mas seu discurso extemporâneo, no qual repreendeu o senador Foote por ignorar as instruções da Assembleia Legislativa do Mississippi (como ele próprio faria 28 anos mais tarde), foi um sucesso notável. Ao fim do debate, os alunos da universidade "o levaram embora carregado nos ombros".

Sua eleição para o Congresso como um forte adepto das doutrinas de Calhoun e Jefferson Davis veio em seguida. No Congresso, enquanto Alexander Stephens, Robert Toombs e outros unionistas do Sul tentavam em vão reduzir o regionalismo, Lamar era extremamente pró-Sul. "Outros podem se vangloriar", disse ele no salão da Câmara, "de seu patriotismo amplo e de seu amor dilatado e abrangente à União. No meu caso, confesso que a promoção dos interesses do Sul só perde em importância para a preservação de sua honra". Alguns anos depois, ele afirmaria nunca ter sentido qualquer dúvida quanto à solidez do sistema sulista, até descobrir que a escravidão não resistiria a uma guerra. Entretanto, ele não seguiu seu caminho despreocupado com o fim certo de tal sistema. Como escreveu numa carta: "Não há como a dissolução ocorrer de maneira pacífica (...) Quando o sol da União se puser, ele estará encharcado de sangue".

Em 1860, Lamar era visto, nas palavras de Henry Adams, "como um dos piores engolidores de fogo do Sul". Depois de perder toda a esperança de que o Sul pudesse obter justiça na União Federal, ele deixou a Convenção Democrata em Charleston ao lado de Jefferson Davis, ajudando a romper outro elo na corrente da União. Sua carreira pré-guerra chegou ao ápice em 1861, quando esboçou a declaração de secessão que dissolvia os laços do Mississippi com a União. O vento fora semeado; agora Lamar e o Mississippi colheriam a tempestade.

E ela recaiu sobre ambos com a mesma intensidade. Certamente, muitas das provações e grande parte da agonia que perseguiu o Sul nos anos seguintes à guerra foram provocadas pela derrota na luta daqueles de quem se esperava a reivindicação da liderança da região. O controle do governo sempre fora frágil no Sul, quando comparado ao Norte, e entre as famílias dominantes "o derramamento de vinho" era especialmente intenso. Dos treze descendentes do primeiro Lamar na América que serviram o Exército Confederado com a patente de tenente-coronel ou acima, sete morreram na guerra. O irmão mais jovem de Lamar, supostamente o mais inteligente, Jefferson Mirabeau, foi morto ao saltar de seu cavalo sobre as barricadas inimigas em Crampton's Gap. Seu primo, John, um dos maiores senhores de escravos do Sul, caiu ao seu lado. Dois anos depois, o irmão mais velho de Lamar, Thompson Bird, coronel da Quinta Infantaria da Flórida, foi morto na batalha sangrenta em Petersburg. Os dois advogados sócios de Lamar também foram mortos: o coronel Mott faleceu em Williamsburg, onde Lamar combateu ao seu lado, e James Autrey, na carnificina de Murfreesboro. Num sinal dos dias de horror que estavam por vir, a placa estilhaçada com os nomes dos três parceiros foi encontrada flutuando pelo rio.

A própria carreira militar de Lamar se encerrou com um ataque de apoplexia, doença da qual sofrera por toda a vida e que pairava sobre ele como a morte em momentos de grande agitação. Ele serviu durante quase todo o restante da guerra como agente diplomático do Governo Confederado.

Com o fim da guerra que dizimara todas as suas esperanças e ilusões, Lamar sentiu-se sob forte pressão para deixar os destroços do passado para trás e mudar-se para outra província. Ele pensava, segundo as palavras de seu biógrafo, Wirt Armistead Cate, estar desacreditado — um líder que conduzira seu povo a um deserto sem retorno. Mas ele seguiu o conselho de Robert Lee, dado aos líderes do Sul, para permanecer e "compartilhar o destino de seus respectivos estados", e de 1865 a 1872 Lamar viveu discretamente no Mississippi, lecionando e advogando enquanto seu estado atravessava os dias amargos de reconstrução.

Nenhum estado sofreu tanto sob o governo *carpetbag*[10] quanto o Mississippi. Adelbert Ames, que primeiro foi senador e depois governador, era nativo do Maine e genro do notório "açougueiro de Nova Orleans", Ben Butler. Ele admitiu perante um comitê congressional que somente sua eleição o levou a fixar residência no Mississippi. Ames foi escolhido para governador por uma maioria composta de escravos libertados e republicanos radicais, amparada e mantida pelas baionetas federais. Um certo Cardoza, acusado de roubo em Nova York, foi colocado na chefia do ensino público, e dois ex-escravos ficaram com os cargos de tenente-governador e secretário de Estado. Vastas áreas do norte do Mississippi ficaram em ruínas. Os impostos aumentaram quatorze vezes acima do nível normal para atender às extravagâncias do governo de reconstrução e às pesadas dívidas de guerra estaduais e nacionais.

Durante esses tempos conturbados, Lamar compreendeu que a única esperança para o Sul não estava em manter suas antigas querelas com o Norte, mas sim em promover a conciliação; no desenvolvimento e retomada das relações normais de um Estado federal; e na revogação do governo militar. Isso, por sua vez, só poderia ser alcançado caso o Norte entendesse que o Sul não desejava mais — nas palavras de Lamar — "ser o pêndulo agitador e agitado da política americana". Lamar esperava fazer com que o Norte percebesse que a ab-rogação das garantias constitucionais do povo do Sul afetaria inevitavelmente as liberdades do povo do Norte. Ele passou a acreditar que a felicidade futura da nação só poderia ser encontrada num espírito de conciliação mútua e cooperação entre as pessoas de todas as regiões e de todos os Estados.

Havia duas forças contrárias a essa linha de pensamento. De um lado estavam os líderes republicanos, que acreditavam que somente fazendo

[10] Termo usado para designar as pessoas do Norte dos Estados Unidos que foram para o Sul durante os anos de reconstrução pós-Guerra Civil. [N.T.]

referência ao sangue de seus antigos mártires e heróis poderiam manter seu apoio no Norte e no Leste, particularmente o do Grande Exército da República. Eles estavam convencidos durante as eleições de 1868 de que, se os estados do Sul voltassem a ser controlados pelos democratas, tais estados — junto a seus aliados no Norte — fariam dos republicanos uma minoria permanente a nível nacional. Do outro lado, havia aqueles no Sul que trilhavam o caminho fácil para ganhar influência e popularidade insuflando e explorando o ressentimento e o rancor naturais do Sul derrotado para com seus ocupantes.

Já Lamar acreditava que "o único caminho que eu, junto a outros representantes do Sul, tenho de seguir é fazer o possível para acalmar os ânimos entre as regiões e promover a paz e a reconciliação".

Em 1872 ele foi eleito ao Congresso, e sua petição pelo indulto às restrições impostas sobre todos os oficiais confederados pela 14ª Emenda foi aprovada. A morte de Sumner e o convite do deputado Hoar, de Massachusetts, para que Lamar proferisse o discurso em sua homenagem proporcionou a ocasião ideal que ele tanto aguardara para estender a mão da amizade ao Norte. Tudo conspirava para garantir seu sucesso: sua reputação pré-guerra contrária à União, seu trabalho como oficial confederado, o fato de Sumner ser amplamente detestado no Mississippi e no Sul e suas próprias habilidades excepcionais como orador. Todos esses fatores a seu favor eram reforçados por sua aparência pessoal impressionante — incluindo, nas palavras de Henry Grady, "aquela pele morena peculiar, pálida mas sem manchas; os esplêndidos olhos cinza, as maçãs do rosto pronunciadas; cabelo castanho-escuro, a mandíbula firme". Seu discurso memorável em homenagem a Sumner foi a primeira oportunidade de Lucius Lamar para demonstrar um novo tipo de diplomacia sulista; mas não seria a última.

De forma geral, os habitantes do Mississippi passaram a compreender e admirar os sentimentos expressos no discurso em homenagem a Sumner, a respeitar a sinceridade de Lamar, se não admiravam-na antes, ou então, quando discordavam veementemente de sua visão, a perdoá-lo pelo que consideravam ser um grave erro de discernimento. Tirando proveito da onda de popularidade e do retorno do governo democrata ao Mississippi em 1876, Lamar foi eleito pela Assembleia Legislativa ao Senado dos Estados Unidos. Mas antes mesmo de se mudar da Câmara para lá, afrontou mais uma vez muitos de seus apoiadores ao dar as costas ao partido e à região em vista de outro tema polêmico.

A corrida presidencial entre Hayes e Tilden em 1876 fora uma disputa acirrada, aparentemente culminando numa vitória apertada no colégio eleitoral para o democrata Tilden. Embora, de início, Hayes tenha aceitado a derrota estoicamente, seus representantes, com a cooperação do republicano *The New York Times*, converteram a aparente certeza da eleição de Tilden em dúvida ao reivindicar os estados altamente contestados da Carolina do Sul, Luisiana e Flórida. Depois ainda tentaram transformar essa dúvida na certeza da eleição de Hayes, obtendo dos governos *carpetbag* desses três estados resultados eleitorais adulterados. Com os frequentes rumores sobre violência e ditadura militar, o Congresso determinou a formação de uma Comissão Eleitoral supostamente apartidária, e Lucius Lamar, convicto de que um inquérito objetivo comprovaria a visível fraude dos republicanos, concordou com essa solução para evitar o ressurgimento do trágico conflito que envelhecera seu espírito e ampliara sua visão de mundo.

Quando a Comissão, agindo completamente em conformidade com as linhas do partido, concedeu os estados contestados e a vitória na eleição a Hayes por 185 votos a 184 no colégio eleitoral, o Sul sentiu-se aviltado. Mais quatro anos de governo republicano significavam mais submissão e exploração do Sul por igual período; mais quatro anos até que pudessem reconquistar sua dignidade e seu lugar de direito na nação. Lamar foi acusado de trocar seu voto e a honra de sua região pela promessa de um cargo futuro; foi acusado também de covardia, de ter medo de defender seu estado numa briga; e foi acusado de desertar seu povo e seu partido no exato momento em que o triunfo deveria ser deles por direito. Seus inimigos, percebendo que seis anos se passariam antes que Lamar, o senador eleito, fosse obrigado a concorrer à reeleição, juraram nunca esquecer daquele dia de perfídia.

Entretanto, Lucius Lamar, homem da lei e de honra, agora não poderia repudiar as descobertas, por mais chocantes que fossem, da

Comissão que ajudara a estabelecer. Ele as apoiara por acreditar que somente a força poderia evitar o discurso de posse de Hayes, e que seguir por tal caminho outra vez seria algo desastroso. Lamar acreditava que seria melhor para o Sul — apesar da provocação — aceitar a derrota naquela ocasião. Contudo, ele foi habilidoso o bastante para fazer com que Hayes se comprometesse a fazer concessões ao Sul, incluindo a retirada das forças de ocupação militares e o retorno ao governo autônomo em estados-chave. Esse serviço genuíno prestado ao seu estado, numa ocasião em que muitos políticos sulistas falavam de resistência aberta, de início foi quase completamente ignorado. Mas impassível à tormenta de oposição que vinha do Mississippi, Lamar se fortaleceu, preparando-se para a prova mais crucial de seu papel como estadista não regionalista e apartidário que o aguardava no Senado.

Nenhum outro oficial confederado do alto escalão havia entrado antes ali. Tampouco foram muitos os senadores que esqueceram que, vinte anos antes, Lamar fora um deputado extremamente regionalista, que abdicara do cargo para esboçar a Declaração de Secessão do Mississippi. Aquele não era um momento propício para o seu retorno. Os republicanos já vinham acusando os democratas de abrigarem insurgentes e traidores; e a contribuição democrata para o aumento da desconfiança entre as regiões foi uma nova geração de demagogos sulistas, intolerantes e vingativos, "gerados pela Reconstrução de biltres".

Enquanto o senador Lamar, doente e exausto, repousava em casa durante boa parte de 1877, um novo movimento tomava conta do Sul e do Oeste, um movimento que atormentaria os partidos políticos do país pela próxima geração: "prata livre". O Moisés das forças prateadas, William Jennings Bryan, ainda não havia entrado em cena; mas "Silver Dick" Bland, o representante democrata do Missouri, abria caminho com seu projeto de lei pela cunhagem de toda a prata que chegasse à Casa da Moeda. Ao passo que um grande aumento de produção nas minas de prata ocidentais fez com que seu valor diminuísse consideravelmente em relação ao ouro, o único objetivo das forças da prata era claro, simples e atraente: dinheiro fácil e inflacionário.

A causa se tornou muitíssimo popular no Mississippi. O pânico de 1873 envolvera a nação na maior depressão jamais sentida, e os estados anteriormente empobrecidos do Sul foram afetados duramente. Os negócios faliam aos milhares, o desemprego aumentou e os salários foram reduzidos. A renda da agricultura despencou rapidamente em relação aos altos níveis pré-guerra e os fazendeiros do Mississippi, desesperados por dinheiro, apoiavam qualquer projeto de lei que elevasse o preço de suas mercadorias, reduzisse o valor de suas dívidas e aumentasse a disponibilidade de dinheiro. O Sul previu que logo estaria num estado permanente de endividamento junto às instituições financeiras do Leste, a não ser que estas disponibilizassem dinheiro fácil para quitar suas altas dívidas.

O poema de Vachel Lindsay expressava claramente o desamparo e a amargura com que o Sul e o Oeste observavam a dominação financeira cada vez maior do Leste:

> E todos esses em seus dias desamparados
> Pelo severo Leste oprimidos,
> Cruel paternalismo
> Cometendo seus erros por eles,
> Crucificando meio Oeste,
> Até que toda a costa do Atlântico
> Parecesse um enorme ninho de aranhas.

A prata repentinamente ganhou um apelo político como a amiga dos pobres — em contraste com o ouro, o dinheiro dos ricos; a prata era o dinheiro dos campos e das cidades pequenas, diferentemente do ouro, que era o dinheiro de Wall Street. A prata proporcionaria uma solução fácil para os problemas de todos: a queda da renda das fazendas, as altas taxas de juros, as enormes dívidas e todo o resto. Embora desde os tempos de Jackson e Benton o Partido Democrata fosse o partido do ouro, eles não perderam tempo em explorar essa nova e popular questão — e presumiu-se, naturalmente, que o senador democrata novato do pobre estado do Mississippi apoiaria a causa com entusiasmo.

Mas Lamar, intelectual e professor que era, viu a questão de maneira um tanto diferente de seus colegas. Dando pouca importância às exigências de seus eleitores, ele analisou todos os argumentos possíveis em ambos os lados da controvérsia. Seu estudo o convenceu — possivelmente de maneira equivocada — que a única posição boa seria apoiar o dinheiro bom. O pagamento das dívidas do nosso governo, mesmo para os "obrigacionistas abastados" de Wall Street, com uma moeda depreciada e inflacionada, como o Projeto de Lei Bland encorajava e a Medida Matthews possibilitava especificamente, era uma afronta ética e um erro prático, acreditava Lamar, destinados a envergonhar nossa posição aos olhos do mundo, e promovidos não como um programa financeiro permanente, mas como um ato ilegítimo de socorro para aliviar as dificuldades econômicas do país.

Em 24 de janeiro de 1878, num pronunciamento corajoso e erudito, seu primeiro grande discurso no Senado, Lamar rejeitou os apelos dos eleitores do Mississippi e criticou as elaboradas racionalizações por trás das duas medidas referentes à prata, classificando-as como artificiais e exageradas. No dia seguinte, votou "não" para a Medida Matthews, opondo-se a seu colega do Mississippi, um republicano negro de excepcional talento eleito muitos anos antes pela velha Assembleia *carpetbag*.

Os elogios para a análise magistral e diplomática do senador Lamar sobre a questão emanaram de muitas partes do país, mas do Mississippi tudo o que veio foi condenação. Em 30 de janeiro, a Assembleia Legislativa aceitou um memorial omitindo qualquer menção a Lamar, mas, numa provocação óbvia e deliberada, agradeceu e parabenizou seu colega (a quem os legisladores democratas brancos normalmente se opunham) por votar a favor da medida e assim refletir "os sentimentos e vontades de seus eleitores". O memorial magoou Lamar profundamente. Ele encontrou pouco conforto na carta de um amigo próximo, o presidente da Câmara do Mississippi, que chamou o memorial de "uma tremenda afronta", mas explicou:

> As pessoas estão sentindo a pressão de tempos difíceis e da escassez de dinheiro, e seus representantes sentiram-se obrigados a tentar algo que pudesse proporcionar algum tipo de ajuda, mesmo que os porquês e as maneiras pouquíssimos deles pudessem explicar.

Mas a Assembleia ainda não havia encerrado. No dia 4 de fevereiro, uma resolução foi aprovada por ambas as Câmaras instruindo Lamar a votar a favor da Lei da Prata de Bland e a valer-se de suas prerrogativas como representante do Mississippi para assegurar sua aprovação.

Lamar ficou profundamente incomodado. Ele sabia que o direito da Assembleia a forçar instruções tinha raízes firmes no Sul. Mas ao escrever à esposa contando sobre as exigências da Assembleia que o nomeara, confidenciou: "Não posso fazer isso; prefiro deixar a política para sempre". Ele tentou exaustivamente explicar a um amigo na Assembleia que reconhecia o direito do órgão de expressar suas opiniões acerca de questões federais e a obrigação de um senador de obedecer a tais expressões sempre que estivesse em dúvida sobre que decisão tomar, mas, naquele caso em particular, insistiu, "as vontades deles vão completamente de encontro às convicções da minha vida inteira; e caso eu votasse na Medida Matthews como me foi ordenado, teria dado o primeiro voto contra minha consciência".

> Se um senador permite ser governado pelas opiniões de seus amigos de sua região, por mais dedicado que eu seja a eles ou vice-versa, ele joga no lixo toda a riqueza de uma preparação e de um estudo prévios, tornando-se mero expoente dos sentimentos populares, que podem mudar com o passar de alguns dias (...) Tal curso diminui as habilidades diplomáticas de um homem, e seu voto passa a ser considerado um eco da opinião em voga, não o resultado de deliberações amadurecidas.

Ademais, imbuído da filosofia corajosa que guiara seu retorno à vida pública, ele estava determinado a não ceder pelo simples fato de sua região ser de opinião contrária. Ele não compraria o respeito do Norte para si e para sua região trilhando um caminho calculado e servil; mas tendo se convencido, depois da apresentação dos argumentos de ambas as partes, de que o projeto representava um erro, Lamar quis demonstrar à nação que a diplomacia não morrera no Sul, nem este tinha vontade de repudiar as obrigações e a honra nacionais. Ele acreditava que nessa questão seria muito importante que o Sul não seguisse um curso de ação estritamente regionalista. Por anos alegou-se que os democratas sulistas tentavam ab-rogar as obrigações a que o governo dos Estados Unidos se sujeitara durante a Guerra Civil e pelas quais o Sul não se considerava responsável. Entre os democratas sulistas, Lamar se opôs solitariamente ao movimento da "prata livre", exceto pelo senador Ben Hill, da Georgia, que afirmou que, por mais que tivesse feito seu melhor durante a guerra para que o obrigacionista da União que tivesse comprado uma obrigação em dólar por sessenta centavos perdesse esse dinheiro, agora era a favor de que lhe pagassem o dólar a ele prometido.

Uma semana depois, a Lei da Prata de Bland foi levada ao Senado para votação. À medida que o debate se aproximava do fim, o senador Lamar se levantou inesperadamente. Não carregava anotações em suas mãos, visto que era um dos oradores extemporâneos mais brilhantes que já fizera parte do Senado. ("A caneta age como um apagador na minha mente", disse ele, "e é uma tortura aos nervos".). Em vez disso, trazia consigo um documento oficial com o grande selo do estado do Mississippi, o qual entregou à mesa. Desculpando-se com seus colegas, o senador Lamar explicou que, embora já tivesse expressado seu ponto de vista sobre o projeto de lei, tinha "outro dever a cumprir; um dever doloroso, mas ainda assim bem claro". Ele então pediu que as resoluções que submetera à mesa fossem lidas.

O Senado primeiro ficou surpreso e depois fez silêncio para ouvir atentamente enquanto o relator expunha a vontade declarada da Assembleia Legislativa do Mississippi de que seu senador votasse a favor da aprovação do projeto de lei. Depois de lido o documento, todos os olhos se voltaram na direção de Lamar, sem saber o que esperar. Como descreveu o repórter do *Washington Capitol*:

> Lembrando da situação constrangedora na qual se encontrava este cavalheiro em relação ao projeto de lei em votação, todos os senadores ofereceram sua atenção, e o salão ficou silencioso feito um túmulo.

Figura imponente, mas solitária, no salão do Senado, Lucius Lamar falou num tom de voz calmo e ao mesmo tempo poderoso, uma voz que "tornava-se cada vez mais trêmula de emoção, ao passo que o corpo sacudia de agitação":

> Sr. Presidente: entre estas medidas e minhas convicções existe um enorme abismo. Não posso aprová-las (...) Durante a juventude do meu estado, ao qual tive o privilégio de ajudar na educação, sempre me esforcei para imprimir a ideia de que a verdade era melhor que a falsidade, a honestidade melhor que a diplomacia, a coragem melhor que a covardia. Hoje minhas lições me confrontam. Hoje devo ser verdadeiro ou falso, honesto ou trapaceiro, fiel ou infiel ao meu povo. Mesmo neste momento de descontentamento e desaprovação legislativos para eles, não posso votar conforme ditam essas medidas.
>
> (...) Os motivos para o meu voto devem ser explicados ao meu povo. Depois caberá a eles determinar se a adesão a minhas honestas convicções me desqualifica do papel de representá-los; se uma opinião divergente sobre um assunto difícil e complicado ao qual dediquei uma análise paciente, longa e consciente, ao qual apliquei toda minha honestidade e minhas sinceras intenções, e no qual utilizei as habilidades, sejam elas quais forem, que Deus me concedeu, agora há de nos separar; (...) mas seja qual for a decisão do povo neste momento, sei que não levará muito tempo para que percebam que minha atitude hoje é sábia e justa; e, armado das sinceras convicções do meu dever, hei de aguardar com tranquilidade pelos resultados, acreditando no que disse um grande americano: "A verdade é onipotente, e a justiça pública certeira".

Senadores contra e a favor do projeto de lei se aglomeraram imediatamente em torno de sua mesa para elogiar sua coragem. Lamar sabia que seu discurso e seu voto não evitariam a aprovação da Lei Bland por uma enorme diferença, nem sua subsequente sanção ao veto do presidente Hayes. Ainda assim, sua desobediência intencional e extremamente corajosa à vontade de seus eleitores não foi completamente em vão. O discurso foi bastante elogiado por todo o Norte. A descrença em relação ao Sul e a suspeita quanto à sua atitude com a dívida e o crédito nacionais diminuíram. A *Harper's Weekly*, destacando que Lamar votou de maneira contrária à "vontade geral do povo de seu estado", concluiu:

> Nenhum senador se mostrou mais digno de respeito universal que o sr. Lamar; nenhum deles jamais defendeu seus princípios com tamanha bravura diante dos protestos de seu estado (...) O senador democrata do Mississippi demonstrou a coragem e a determinação que convêm a um estadista americano.

A revista *The Nation* comentou que o breve discurso de Lucius Lamar para explicar sua desobediência às instruções do seu estado "jamais foi superado no Congresso em termos de bravura, dignidade e *pathos*. Seu voto provavelmente lhe custará o cargo".

Essa previsão parecia infalível. O ataque ao senador no Mississippi foi instantâneo e implacável. Ele dera as costas ao seu povo e à sua região. Nas palavras de um orador político, Lamar "quis se juntar à linha inimiga com tanta pressa que acabou tropeçando nos túmulos de seus camaradas caídos". Seu velho amigo Jefferson Davis o magoou de forma profunda ao classificar publicamente sua atitude como um ataque aos "fundamentos do nosso sistema político" e às antigas práticas do Partido Democrata sulista. Recusar-se a obedecer ou a entregar o cargo, de modo que seus eleitores "pudessem escolher outra pessoa que realmente os representasse", era negar, disse Davis, que as pessoas tinham a quantidade mínima de inteligência para governar! (Lamar sentiu-se duramente atingido pela atitude de seu antigo chefe, mas é esclarecedor perceber que alguns dias mais tarde, quando o senador Hoar tentou negar a Davis a pensão pela Guerra Mexicana à qual ele tinha direito por lei, foi Lamar quem falou a favor do líder confederado numa defesa memorável e dramática:

> Senhor, não foi preciso coragem para isso; (...) o cavalheiro, creio eu, faz parte dos estadistas cristãos. Ele poderia ter aprendido uma lição melhor nas páginas da mitologia. Quando Prometeu foi acorrentado à rocha, não era uma águia, mas sim um abutre que enterrava o bico nas entranhas torturadas da vítima.

Segundo um relato da época, quando Lamar proferiu as palavras "era um abutre", seu braço direito se esticou e o dedo indicador apontou direto para Hoar.

Todos concordavam que Lamar estaria politicamente morto após um mandato, e a única questão girava em torno de seu sucessor. Lamar amava o Mississippi, e as críticas que o estado lhe fazia o entristeciam profundamente. Ele escreveu à esposa dizendo que desejava estar numa posição financeira que lhe permitisse renunciar ao cargo sem prejudicar a família:

> Este é um mundo miserável para mim, a não ser por minha ligação com você (...) Recebo muitas cartas elogiosas do Norte e pouquíssimas do Mississippi (...) Será verdade que o Sul há de condenar o amor desinteressado daqueles que, percebendo seus reais interesses, oferecem o peito aberto como barreiras contra a invasão do erro? (...) É de fato uma pesada cruz no coração de um homem público ter de assumir uma posição que faz o amor e a confiança de seus eleitores caminharem para longe dele.

Mas como seu famoso tio, Mirabeau Lamar, do Texas, e outros familiares, Lucius Quintus Cincinnatus Lamar não tinha medo de enfrentar as adversidades. Ele havia, sim, violado as instruções da Assembleia. "Apelarei ao povo soberano, os verdadeiros mestres da assembleia que se incumbiram de me guiar."

Com essa declaração, o senador Lamar saiu em excursões sucessivas pelo Mississippi. Falando para milhares de pessoas em salões lotados e campos abertos, Lamar declarou saber que não agradara aos seus eleitores; disse que sabia também que o caminho mais fácil seria explorar a causa regionalista à qual sempre se dedicou, mas que sua intenção era ajudar a criar uma sensação de confiança e reciprocidade entre Norte e Sul ao votar em nome do interesse nacional e ignorar as pressões regionais.

Falando por três ou quatro horas a cada discurso, sua oratória apaixonada e imaginativa hipnotizava o público que aparecia para zombar. "Ele falava como uma cascata numa montanha", descreveriam posteriormente inúmeros presentes, "arrastando consigo os pedregulhos da corrente que tentavam se opor ao fluxo".

Mas Lamar não recorria a truques de oratória para causar emoção e se esquivar de questões importantes. Pelo contrário. Seus discursos traziam uma análise embasada de sua posição, expondo a história do Senado e sua relação com as assembleias legislativas estaduais, e as declarações e exemplos de Burke, Calhoun, Webster e outros senadores famosos que discordaram de instruções legislativas: "É melhor seguir o exemplo de homens ilustres cujos nomes foram mencionados a abandonar completamente o bom senso e a convicção em nome do clamor popular".

Em todas as reuniões ele contava sobre um incidente que jurava ter acontecido durante a guerra. Lamar, na companhia de outros importantes oficiais militares e civis da Confederação, estava a bordo de um barco rompedor de bloqueios a caminho do porto de Savannah. Embora os oficiais do alto escalão após deliberarem tivessem decidido que seria seguro seguir em frente, o capitão enviara o marujo Billy Summers ao mastro para averiguar a presença de canhoneiras ianques no porto, e Billy disse ter visto dez. Aquele distinto grupo de oficiais sabia onde se encontrava a frota ianque, e *não era* em Savannah. Então disse ao capitão que Billy estava errado e que o barco devia seguir em frente. O capitão se recusou, alegando que embora os oficiais soubessem muito mais sobre questões militares, Billy Summers, do alto do mastro com uma luneta poderosa, estava em posição muito mais vantajosa para avaliar a situação naquele exato instante.

Mais tarde ficou provado que Billy tinha razão, disse Lamar, e se tivessem seguido adiante todos seriam capturados. E assim como o marujo Billy Summers, ele não alegava ser mais sábio que a Assembleia Legislativa do Mississippi, mas acreditava estar numa posição mais privilegiada como membro do Senado dos Estados Unidos para julgar o que serviria melhor aos interesses de seus eleitores.

> E assim é, meus conterrâneos. Vocês me mandaram para o topo do mastro, e eu vos relato o que vejo de lá. Se decidirem que devo descer, obedecerei sem dizer uma só palavra, pois não podem me fazer mentir para vocês; mas se me mandarem de volta, só posso afirmar que me manterei fiel ao meu amor pelo país, pela verdade e por Deus (...) Sempre considerei que o primeiro dever de um homem público numa república fundada com base na soberania do povo é expressar franca e sinceramente suas opiniões a seus eleitores. Valorizo a confiança do povo do Mississippi, mas nunca tomei a popularidade como o padrão pelo qual agir. Tenho um respeito profundo pela opinião pública, mas acredito haver na retidão de propósito consciente um poder sustentador que dá apoio a um homem de firmeza habitual sob quaisquer circunstâncias.

Sua excursão obteve um enorme êxito. "Homens tão hostis que mal podiam ser convencidos a ouvi-lo subiam em cadeiras e mesas, agitando seus chapéus e gritando até ficarem roucos." Outros partiam em silêncio, meditando sobre o significado das palavras de Lamar. Quando discursou no condado de Yazoo, reduto de sua oposição, o *Herald* de Yazoo City relatou que, "feito um leão acuado", ele "subjugou os preconceitos de centenas que foram levados a acreditar que suas visões acerca de determinados pontos estariam mais adaptadas à latitude da Nova Inglaterra que à do Mississippi". E pouco tempo depois, a Convenção Democrata do condado de Yazoo adotou uma medida pela qual seus legisladores deveriam "votar em Lamar e trabalhar por ele, sejam quais fossem as circunstâncias, como a escolha de seu povo para o cargo de senador dos Estados Unidos".

É animador saber que o povo do Mississippi continuou a apoiá-lo, apesar de Lamar ter contrariado suas vontades imediatas em três ocasiões importantes: em seu discurso em homenagem a Charles Sumner, em seu apoio à Comissão Eleitoral que levou à eleição do republicano Hayes e em sua oposição à prata livre que seu estado tanto desejava. Os eleitores foram sensíveis à sinceridade e à coragem que ele demonstrou e continuaram a lhe dar apoio e afeto durante o restante de sua vida política. Ele foi reeleito ao Senado por uma enorme maioria, tornando-se posteriormente presidente da Convenção Democrata Senatorial, depois secretário do Interior e, finalmente, juiz da Suprema Corte dos Estados Unidos. Em nenhum momento Lamar, que foi merecidamente considerado o estadista mais talentoso que o Sul ofereceu à nação do final da Guerra Civil até a virada do século, se desviou da profunda convicção que expressara quando se encontrou sob fortes ataques em 1878:

> A liberdade deste país e seus grandes interesses nunca estarão seguros se os homens públicos se tornarem meros lacaios, que obedecem as ordens de seus eleitores, em vez de serem representantes no verdadeiro sentido da palavra, buscando a prosperidade duradoura e atender os interesses futuros de todo o país.

Parte Quatro

A época e o lugar

Dois homens íntegros — ambos republicanos, ambos do Meio-Oeste, mas completamente diferentes em suas filosofias políticas e maneirismos pessoais — são o perfeito exemplo do impacto do século XX sobre o Senado como um todo e a atmosfera da coragem política em particular. George W. Norris e Robert A. Taft, cujas carreiras no Senado coincidiram apenas durante um breve período, uns dezessete anos atrás, eram mestres no processo legislativo, líderes de facções políticas fundamentalmente opostas e expositores, cada um à sua maneira, de grandes doutrinas constitucionais. Entre suas maiores conquistas figuram o respeito e o prestígio que eles e outros como eles levaram ao Senado dos Estados Unidos. Na virada do século, o caminho para a fama e o poder para homens de habilidade e talento estava na indústria, e não na política. Como consequência, a atitude do público em relação à carreira política muitas vezes era de apatia, indiferença, desrespeito e até mesmo divertimento.

O Senado compartilhara a perda de prestígio da carreira política. Isso se deu em parte pela reação pública ao novo tipo de legislador, que muitas vezes, em 1900, incluía advogados corporativos enfatuados e chefes políticos esquálidos. O Senado parecia ter pouco da agitação e do drama que tanto o caracterizara nos anos que precederam a Guerra Civil, pouco do poder e do prestígio que manejara tão despudoradamente nos dias dos governos de Johnson e de Grant. Em parte, isso foi uma reação à complexidade e à multiplicidade cada vez maiores de questões legislativas — até mesmo Santo Domingo parecia mais distante que Forte Sumter (por ter bloqueado seu tratado de Santo Domingo, o Senado foi chamado de "totalmente incompetente" por Teddy Roosevelt), e o "comércio interestadual" parecia muito menos animador e promissor que a "prata livre". Senadores famosos também deixaram de ser nomes conhecidos do público em geral, como na época do grande triunvirato. A nação também não mais acompanhava atentamente os debates do Senado, como nos dias do Grande Compromisso ou do impeachment de Johnson. Os alunos mais inteligentes do país, que sessenta ou setenta anos antes teriam memorizado a resposta de Webster a Hayne, não estavam mais interessados em seguir uma carreira na política.

Os cidadãos que mostravam um interesse ativo na conduta do Senado durante o início do século XX o viam de maneira geral mais com desconfiança do que com orgulho. Por toda a nação emergiu uma notável gama de reformadores, jornalistas investigativos e movimentos de bom governo, representados no Senado por uma nova espécie de parlamentar: homens idealistas e independentes, habilidosos e diplomáticos, que poderiam muito bem estar lado a lado com os nomes mais célebres de outrora. Para refrear a tendência dupla de um eleitorado indiferente a seus senadores e de senadores indiferentes ao eleitorado, os reformadores, tanto dentro quanto fora do Senado, finalmente realizaram uma mudança que há muito deveria ter sido feita no mecanismo eleitoral — o poder de eleger os senadores foi tirado das assembleias legislativas estaduais e repassado diretamente ao povo.

A 17ª Emenda, ratificada em 1913, refletia uma atitude bem diferente em relação às "massas" de eleitores, que eram vistas com desconfiança pelos criadores da Constituição, em 1787, mas refletia, também, o declínio geral das assembleias legislativas, que muitas vezes permitiram que lobistas influentes e mecanismos políticos usurpassem seu direito sagrado de escolher seus senadores. O presidente de uma ferroviária disse a William Lyon Phelps que nunca quis ser senador dos Estados Unidos, pois criara muitos deles. Em referência a isso, um importante senador da Nova Inglaterra, W.E. Chandler, explicou laconicamente seu retiro à vida privada, alegando que fora "atropelado por um trem".

Que a 17ª Emenda tornou o Senado mais sujeito à vontade popular quase de imediato, tanto na teoria quanto na prática, não resta dúvida; mas seus efeitos não foram tão abrangentes nem tampouco os senadores mudaram tanto quanto esperavam os reformadores. O senador Boies Penrose, líder da Pensilvânia, disse a um amigo reformador:

> Deixem o povo escolher, sempre! Olhe para mim! Nenhuma assembleia legislativa ousaria me eleger ao Senado, nem mesmo em Harrisburg. Mas o povo, o caríssimo povo, me escolheu com mais de meio milhão de votos em relação ao meu oponente. Você e seus amigos "reformadores" pensaram que a eleição direta manteria homens como eu fora do Senado! Deixem o povo escolher, sempre!

Não havia (e não há) como medir estatística ou cientificamente o efeito da eleição direta dos senadores sobre a qualidade do próprio Senado. Não faltaram críticas veementes ou altos elogios, tanto ao Senado como um todo quanto aos senadores individualmente. Mas muitas vezes essas análises consistem de generalizações a partir de casos ou experiências limitadas. Woodrow Wilson, por exemplo, pouco antes de sua morte, arrasado pelo Senado por seus esforços em nome da Liga das Nações e do Tratado de Versalhes, rejeitou a sugestão de tentar uma cadeira no Senado por Nova Jersey, declarando: "Fora dos Estados Unidos, o Senado não vale nada. E dentro do país ele é desprezado; há cinquenta anos que nenhuma ideia surge de lá". Muitos concordaram com Wilson em 1920, e alguns concordariam com tal sentimento até mesmo nos dias de hoje.

Mas o professor Woodrow Wilson, antes de seu batismo de fogo na política, via o Senado como um dos órgãos legislativos mais capazes e poderosos do mundo. Em parte, esse poder — e a capacidade necessária aos senadores que desejassem controlá-lo — vinha da influência crescente da legislação federal sobre as questões internas. Mais importante ainda era o poder cada vez maior do Senado no campo das relações externas — um poder que se multiplicava à medida que a estatura de nossa nação na comunidade das nações crescia, um poder que fez do Senado do século XX um órgão muito mais significativo em termos dos reais efeitos de suas decisões do que o Senado de Webster, Clay e Calhoun, que trabalhara intensamente, porém em vão, na questão da escravidão.

E assim como uma nação dividida por uma crise interna precisou de senadores de coragem em 1850, o mesmo aconteceu com uma nação mergulhada numa crise internacional. John Quincy Adams percebera isso cem anos antes de George Norris chegar a Washington, mas o que não podia prever era que o papel dessa nação no mundo levaria ao salão do Senado crises constantes e recorrentes e inúmeros problemas, crises que forçariam homens como George Norris a escolher entre consciência e eleitorado, e problemas que fariam homens como Bob Taft ter de escolher entre princípios e popularidade.

Essas não são as únicas histórias de coragem no século XX, talvez nem mesmo sejam as mais espetaculares ou importantes. Mas a natureza mutável do Senado, de seu funcionamento e de seus membros, parece ter reduzido a frequência com que a nação assume uma posição altruísta em nome de princípios valiosos, porém impopulares. Talvez ainda estejamos cronologicamente muito próximos daqueles cujas ações uma perspectiva histórica mais distanciada poderá classificar como dignas de registro nos anais da coragem política. Talvez o senador do século XX não precise arriscar todo o seu futuro por causa de uma só questão, como foram os casos de Edmund Ross e Thomas Hart Benton. Talvez nossos atos modernos de coragem política não despertem o interesse do público de modo a acabar com uma carreira como ocorreu a Sam Houston e a John Quincy Adams. Ainda assim, quando nos damos conta de que um jornal que decida criticar um senador hoje pode alcançar muito mais eleitores do que poderiam todos os famosos e articulados detratores de Daniel Webster, essas histórias de coragem política no século XX possuem um caráter dramático, um entusiasmo — e uma inspiração — bem característicos.

VIII
George Norris

"Voltei para casa para lhes dizer a verdade."

Precisamente à uma hora de uma tarde invernal no início de 1910, o deputado John Dalzell, da Pensilvânia, deixou a cadeira do presidente da Câmara e saiu para tomar sua xícara de café e comer sua fatia diária de torta no restaurante do Capitólio. Sua saída não foi incomum. O deputado, que era o primeiro assistente do presidente Joe Cannon e o ajudava a administrar a Câmara, sempre saía exatamente àquela hora, sendo quase todas as vezes sucedido na cadeira pelo deputado Walter Smith, de Iowa. Mas particularmente naquela tarde de janeiro sua caminhada pelo corredor foi vista com uma curiosa satisfação por outro deputado, um tanto desgrenhado, usando um terno preto e uma pequena gravata de cordão. O assistente do presidente mal chegara à porta da Câmara quando o deputado republicano George W. Norris, do Nebraska, se aproximou do deputado Smith e perguntou se ele lhe poderia conceder dois minutos. Smith, integrante da turma republicana de Cannon e Dalzell, mas também um amigo pessoal de Norris, assentiu.

Para sua surpresa, Norris tentou alterar a resolução em debate — resolução que propunha uma comissão conjunta para investigar a controvérsia entre Ballinger e Pinchot —, solicitando que toda a Câmara dos Representantes nomeasse seus membros para a comissão, em vez de conceder a autoridade habitual ao presidente para realizar tais escolhas.

Mensageiros saíram às pressas em busca de Cannon e Dalzell. Aquilo era uma insurreição contra a hierarquia — a primeira tentativa de limitar o poder outrora ilimitado do "Czar" Cannon! Mas Norris sustentou que tudo o que desejava era uma investigação justa, não uma fraudada pelo governo. Com o apoio dos seguidores de Pinchot, de outros insurgentes republicanos e de praticamente todos os democratas, ele conseguiu ter sua emenda adotada após uma votação acirrada que terminou em 149 a 146.

Este foi o primeiro revés sofrido pelo poderoso presidente, e ele prometeu jamais esquecê-lo. Mas para George Norris, a vitória na resolução referente à investigação foi apenas um passo preliminar. No bolso interno de seu terno preto puído estava o esboço da resolução que rascunhara anos antes, uma resolução pela qual a Câmara, e não seu presidente, nomearia os membros da Comissão Regulamentadora, a qual ditava completamente o programa da Câmara e por sua vez era completamente dominada pelo presidente.

No dia de São Patrício de 1910, Norris dirigiu-se ao "Czar". Minutos antes, Cannon decretara que um projeto de lei de recenseamento promovido por um de seus apoiadores era privilegiado sob a Constituição e podia ser julgado imediatamente, uma vez que tal documento determinava a realização do censo. "Sr. Presidente", disse Norris, "apresento uma resolução privilegiada pela Constituição". "O cavalheiro pode apresentá-la", respondeu Cannon, presunçosamente, sem conhecimento do ataque prestes a ser feito. Então George Norris desdobrou o pedaço esfarrapado de papel que carregava dentro do bolso e pediu ao relator que o lesse em voz alta.

O pânico tomou conta da liderança republicana. Os rumores já indicavam anteriormente a natureza da resolução proposta por Norris, mas a questão era vista apenas como uma frivolidade insolente pelos republicanos, que sabiam ter o poder de enterrá-la para sempre na própria Comissão Regulamentadora. Agora o decreto de Cannon sobre o projeto de lei do recenseamento apoiando seu amigo dava a Norris — e à sua resolução, claramente baseada na provisão da Constituição às regras da

Câmara — uma abertura pela qual o deputado de Nebraska conduziu todas as forças insurgentes e democratas. Cannon e seus seguidores eram mestres em manobras parlamentares, e não estavam dispostos a ceder de imediato. Tentaram adiar, entrar em recesso, impossibilitar o quórum. Continuaram a debater se a medida era privilegiada enquanto o partido voltava às pressas do desfile de São Patrício. Mantiveram a Câmara numa sessão ininterrupta, numa tentativa de abalar os revoltosos menos organizados. Durante toda a noite os insurgentes se mantiveram em seus assentos, decididos a permanecer no salão por temerem que Cannon pudesse repentinamente decretar a ausência deles.

Finalmente, depois que todas as tentativas de intimidação e negociação fracassaram, o presidente Cannon, como esperado, decretou a resolução fora da ordem do dia. Norris prontamente recorreu da decisão. Por 182 votos a 160, os democratas e os republicanos insurgentes anularam a decisão do presidente, e por uma margem ainda maior, a resolução de Norris — já alterada para obter o apoio democrata — foi adotada. O presidente mais implacável e autocrático da história da Câmara dos Representantes decidiu renunciar; mas George Norris, que insistia que sua luta era para dar fim ao poder ditatorial do cargo e não para punir o indivíduo, votou contra sua aceitação. Anos mais tarde, Cannon lhe diria:

> Norris, durante nossa terrível controvérsia, não consigo recordar de uma única ocasião em que você foi injusto. Não posso dizer o mesmo de muitos de meus aliados; e gostaria de dizer a você agora que, se algum membro da sua maldita turma tivesse de se eleger ao Senado, preferiria que fosse você a qualquer um deles.

A derrocada do cannonismo acabou com a vantagem que os líderes republicanos conservadores tinham sobre o governo e a nação; e deu também um fim a quaisquer favores que o representante do Nebraska recebera anteriormente das mãos deles. Sob a administração do "Czar", o cargo de presidente da Câmara detinha um poder que às vezes parecia se assemelhar ao do presidente e de todo o Senado dos Estados Unidos. Era um poder que colocava o partido acima de todas as outras instâncias, um poder que se alimentava da fidelidade partidária, do favorecimento e das organizações políticas. Um poder que, apesar da desaprovação cada vez maior de todas as partes do país que não o Leste, permanecera incontestado por anos. "Um homem sem posição", comentou um editor, "contra duzentos conseguiu se infiltrar na máquina política mais poderosa que Washington já conhecera, derrotando-os duas vezes em seu próprio jogo. O sr. George Norris é um homem que merece ser conhecido e observado".

George W. Norris *merecia* ser observado, pois sua carreira subsequente no Senado, para o qual foi eleito pouco após o triunfo sobre Cannon, rendeu-lhe a reputação de uma das figuras mais corajosas da vida política americana. A derrocada do cannonismo, embora celebrada em Nebraska por todos exceto por alguns ortodoxos do partido, exigira enormes coragem e liderança por parte de um jovem deputado, que atacava os líderes bem arraigados de seu partido e estava disposto a sacrificar os confortos e as alianças que a lealdade partidária representava. No Senado, ele rompeu frequentemente não só com seu partido, mas também com seus eleitores. Certa vez declarou:

> Prefiro ser colocado em meu túmulo político com a consciência limpa a viajar na carruagem da vitória como um dedo-duro congressional, um escravo, um servo, ou o vassalo de algum homem, seja ele o dono e o administrador de um zoológico legislativo ou o governador de uma grande nação (...) Prefiro repousar no túmulo silencioso, lembrado por amigos e inimigos como alguém que se manteve leal à sua fé e que nunca titubeou diante do que acreditava ser seu dever, a continuar vivendo, velho e acabado, sem conquistar a confiança de ambas as partes.

Essas são as palavras de um idealista, um independente, um lutador, um homem de fortes convicções, de coragem implacável, de uma grande honestidade — George W. Norris, do Nebraska. Não devemos fingir que Norris era um protótipo perfeito da virtude. Pelo contrário. Ele agiu, em mais de uma ocasião, de maneira emocional em suas deliberações, foi injurioso em suas críticas e frequentemente se envolvia em ataques pessoais duros e exagerados em vez de concentrar sua munição nos méritos de uma questão. Mas nada poderia desviá-lo do que julgava certo, de sua determinação de ajudar todas as pessoas, de sua esperança em resgatá-las das tragédias da pobreza e da guerra.

George Norris conheceu bem a tragédia da pobreza em sua própria infância. Seu pai morreu quando ele tinha apenas quatro anos, e Norris foi obrigado, ainda na adolescência, a prover o sustento para a mãe e suas dez irmãs nas fazendas devastadas de Ohio. Conhecia também os horrores da guerra, pela morte prematura na Guerra Civil do irmão mais velho do qual mal se lembrava, mas cuja carta inspiradora — escrita quando ferido pouco antes de sua morte — foi carinhosamente conservada pelo jovem George durante anos. Em 1917, quando a nação oscilava às portas do conflito europeu, ele não conseguia esquecer a tristeza de sua mãe e seu ódio pela guerra.

Professor do campo, advogado de cidade pequena, promotor de justiça local e juiz — foi nesse tempo que George Norris conheceu o povo do Nebraska e do Oeste, quando testemunhou o ritual cada vez mais frequente de execuções de fazendas, casas e terrenos perdidos, trabalhadores rurais migrando para a cidade e o desemprego.

À medida que o velho século XIX foi se tornando o novo século XX, os Estados Unidos mudavam, suas indústrias e cidades cresciam, sua força no mundo aumentava. E ainda assim George Norris mudou — e mudaria — muito pouco. Sua figura corpulenta, ainda vestida com os monótonos paletós pretos, as camisas brancas e as gravatinhas de cordão preto que vestira por toda a vida e vestiria até a morte. Seus modos contidos, sua honestidade irresistível e sua preferência por uma noite tranquila de leitura a participar do círculo social da política o diferenciava dos políticos carreiristas de sua região, cuja popularidade entre os eleitores, entretanto, ele superava por uma grande margem.

Seu panorama político foi a única coisa que mudou quando deu início à longa carreira que o manteria em Washington por quarenta anos.

Quando entrou pela primeira vez na Câmara dos Representantes, em 1903, recém-chegado das planícies do Nebraska, era um republicano leal e conservador, "seguro de minha posição", como escreveria posteriormente o próprio, "imoderado em minhas convicções e inflexível em minha oposição a qualquer outro partido político ou pensamento político diferente do meu". Mas "vi meus heróis perderem a força um a um (...) e descobri que meu partido (...) era culpado de praticamente todos os males dos quais eu acusara a oposição".

Um só capítulo seria pouco para relatar por inteiro todas as batalhas corajosas e independentes que travou. Seus feitos mais duradouros foram no campo do poder público, e existem poucas medidas que se equiparem à sua luta para levar os benefícios da eletricidade a baixo custo para o povo do Vale do Tennessee, por mais que fosse uma região a mais de 1.500 quilômetros do seu estado, Nebraska. Mas houve três desafios em sua vida dignos de destaque pela coragem que demonstrou: a derrocada do "Czar" Cannon, já relatada; seu apoio a Al Smith na campanha à presidência em 1928; e sua obstrução à Lei dos Navios Armados de 1917.

Quando Woodrow Wilson, contrariado por ter de manter uma política de "neutralidade armada" no início de 1917, apareceu numa sessão conjunta do Congresso para solicitar que a legislação o autorizasse a armar navios mercantes americanos, o povo deu seu aval imediato. A ação irrestrita de submarinos de guerra alemães formava um bloqueio firme com o qual o Kaiser planejava fazer as Ilhas Britânicas se renderem por causa da fome. O secretário de Estado Lansing fora educadamente informado de que todo navio americano que se encontrasse na zona de guerra seria torpedeado. Embarcações dos Estados Unidos já haviam sido revistadas, apreendidas e afundadas. Histórias sobre as atrocidades cometidas contra os nossos marujos tomavam conta dos jornais.

Enquanto os debates sobre o projeto de lei avançavam, os jornais descobriram um novo plano contra os Estados Unidos, contido numa mensagem do Sub-Secretário de Estado para Relações Externas alemão, Zimmerman, ao representante diplomático alemão no México. O suposto comunicado (pois houve gente que questionou sua autenticidade e os motivos dos governos britânico e americano para revelarem seu conteúdo naquele exato momento) propunha um esquema para alinhar o México e o Japão contra os Estados Unidos. Como recompensa por servir de base para uma invasão, prometiam ao México a restauração de suas "colônias americanas", conquistadas mais de setenta anos antes por Sam Houston e seus compatriotas.

Quando o conteúdo do comunicado de Zimmerman foi vazado aos jornais, qualquer resistência à Lei dos Navios Armados foi imediatamente esquecida. A lei foi aprovada às pressas pelo órgão após uma votação esmagadora que acabou em 403 a 13 — um resultado que aparentava ser uma representação clara da opinião pública a favor da atitude do presidente. O apoio esmagador ao projeto por parte dos deputados do Nebraska certamente representava os sentimentos do estado.

Mas em 2 de março de 1917, no Senado, a Lei dos Navios Armados foi confrontada pela forte oposição de um pequeno grupo bipartidário de insurgentes liderado por Robert La Follette, de Wisconsin, e George Norris, do Nebraska. Na posição de senador novato por um estado que no ano anterior votara por uma assembleia, um governador, um senador e um presidente democratas, George Norris (diferentemente de La Follette) não era uma figura política com bases sólidas em sua própria área nem tampouco tinha certeza de que seu povo era contrário a Wilson e a suas medidas.

Nos meses anteriores ele apoiara o presidente nas grandes questões externas, incluindo o rompimento dos laços diplomáticos com o governo alemão. Ainda que fosse um pacifista e um isolacionista militante, sua própria natureza o impedia de ser um mero obstrucionista em todas as questões internacionais ou um mero partidário que se opunha a todos os pedidos do presidente. (De fato, quando a Segunda Guerra se aproximou, seu isolacionismo desaparecera havia muito).

Mas George Norris odiava a guerra e temia que os "Grandes Negócios" — os quais ele acreditava estarem provendo os estímulos necessários para nossa caminhada em direção à guerra — estivessem dispostos a conduzir a nação a um conflito inútil e sanguinolento. Temia que o presidente, longe de conquistar a confiança do povo, estivesse tentando fazer a opinião pública pressionar o Senado pela guerra; e que o Projeto de Lei dos Navios Armados fosse uma estratégia para proteger o lucro da munição americana ao custo de vidas americanas, uma estratégia que poderia nos empurrar diretamente para o confronto, sem posteriores deliberações do Congresso ou um ataque real aos Estados Unidos por parte da Alemanha. Ele temia a ampla autoridade planejada pelo projeto de lei e se indignava com o modo como este vinha sendo imposto no Congresso. O fato de Norris estar certo ou errado hoje não tem importância. O que importa é a coragem que demonstrou para defender suas convicções.

"As pessoas podem não acreditar", disse certa vez o senador Norris, "mas não gosto de entrar em brigas". Gostasse ou não, em 1917 o novato do Nebraska se preparou para um dos confrontos mais ferrenhos e amargurados de sua carreira política. Como aqueles dias antecediam a 20ª Emenda de Norris, também conhecida como Emenda do Pato Manco, o 64º Congresso expiraria ao meio-dia de 4 de março, quando teria início um novo mandato presidencial. Assim, a aprovação do projeto de lei por aquele Congresso poderia ser evitada caso o Senado não conseguisse votar até aquele horário. Norris e sua pequena turma tinham esperanças de que o novo Congresso, escolhido pelo povo durante a campanha presidencial de 1916 — com base no lema "Ele nos manteve fora da guerra" — pudesse se juntar à oposição, ou pelo menos considerá-la com maior atenção, mas só havia um jeito de evitar uma votação nos dois dias seguintes: obstruir!

George Norris, defensor de uma mudança nas regras do Senado para corrigir os abusos das obstruções, mas sentindo ao mesmo tempo que a questão da guerra em si estava em jogo, se valeu dessa mesma tática, "apesar de minha repugnância ao método". Como líder parlamentar de seu grupo no plenário, ele instruiu os oradores a garantirem que não houvesse qualquer tipo de interrupção no debate que possibilitasse a votação do projeto de lei.

Muitos de seus amigos mais próximos no Senado ficaram perplexos diante de tal conduta. "Somente um estado habitado por mimados", reclamou um senador plenamente consciente do sentimento antigermânico em sua região, "aprovaria o que Norris está tentando fazer". Mas Nebraska *não* aprovava a posição de seu senador. À medida que os debates avançaram, os jornais de Nebraska, num alerta mal disfarçado, reportaram que a enorme votação na Câmara "representava as vontades do povo". E a Assembleia Legislativa inteira de Nebraska já jurara ao presidente Wilson "o apoio leal e integral de todos os cidadãos do estado de Nebraska, independentemente de partido político, sangue ou lugar de nascimento, no que for necessário para manter o direito dos americanos, a dignidade de nossa nação e a honra de nossa bandeira".

Mas o guia de George Norris era sua própria consciência. "Caso contrário", disse ele, "um membro do Congresso que dá peso ao sentimento expresso pelo público se torna apenas uma máquina automática, e o Congresso passa a não precisar mais de patriotismo, educação ou coragem (...)". E assim, tendo somente sua consciência como base, o senador trabalhou ininterruptamente para reforçar o ânimo de seu pequeno grupo, preparar novos oradores para o debate contínuo e averiguar todos as ações da oposição para dar fim à obstrução.

Diversos senadores, relataria posteriormente Norris, foram até ele em privado para lhe desejar sucesso com a obstrução, ao mesmo tempo que apontavam as normas do partido e conveniência política como os motivos para apoiarem publicamente a posição do presidente. Quando Norris lhes disse que o importante era garantir que houvesse oradores o suficiente, independentemente do ponto de vista, dois dos apoiadores do presidente, num acordo privado com Norris, discursaram longamente a favor do projeto.

O discurso continuou dia e noite, e, na manhã de 4 de março, o Senado era um cenário de completa desordem. "Aqueles minutos finais", escreveria Norris posteriormente, "ainda estão vivos em minha memória".

> Naquele salão, os homens se tornam escravos de emoções. A junção de raiva e amargura, a meu ver, jamais foi ultrapassada na história dos Estados Unidos. Quando o ponteiro das horas apontou para a chegada do meio-dia, o presidente anunciou o recesso. A obstrução funcionara. O relatório de conferência que teria autorizado o armamento de embarcações americanas não teria a

> aprovação do Senado (...) A agitação e o nervosismo tomaram conta do país, especialmente do próprio Senado (...) Daquele dia até hoje, acredito que a obstrução foi justificada. Jamais me desculpei pelo papel que tive nela (...) Acreditávamos sinceramente que, por meio de nossas ações naquela controvérsia, evitaríamos a participação americana na guerra.

Mas a vitória não durou muito. O presidente, além de convocar imediatamente uma sessão especial do Congresso na qual o Senado adotaria uma norma de encerramento que limitaria o debate (com o apoio de Norris), também anunciou que uma averiguação minuciosa dos estatutos revelara que o Poder Executivo já incluía o direito de armar navios sem precisar da aprovação do Congresso. E o presidente também fez um ataque, ainda citado hoje em dia, contra "um grupinho de voluntariosos, que não representam opinião alguma se não as suas próprias, que tornava o grande governo dos Estados Unidos indefeso e abjeto".

George Norris classificou a acusação mordaz do presidente como uma grave injustiça a homens que conscientemente tentaram exercer seus deveres como achavam certo. Porém, exceto pelos elogios inúteis e infelizes que receberam da imprensa alemã, "os epítetos que se amontoaram sobre estes homens jamais tiveram precedentes nos anais do jornalismo americano". Segundo as palavras do *Courier Journal* de Louisville, estes homens conquistaram "uma eternidade de execração". Uma assembleia deliberativa no Carnegie Hall chamou Norris e seus colegas de homens "traiçoeiros e repreensíveis", que "se recusavam a defender as listras e estrelas em alto-mar". O público gritava "traidor" e "enforquem-no" toda vez que os nomes de Norris, La Follette e os de seus apoiadores eram mencionados. "Este é o momento", gritou o prefeito de Nova York em outra assembleia, "em que o povo deste país se dividide em duas classes: americanos e traidores".

O *Courant* de Hartford os chamou de "vagabundos políticos", e o *Sun* de Nova York rotulou os doze senadores americanos de "um grupo de pervertidos morais". O *Journal* de Providence classificou tal atitude como "quase uma traição", e para o *The New York Times* "a reprovação mediante aquela atitude tão desleal será associada para sempre a seus nomes". O *Herald* de Nova York previu: "Terão sorte caso seus nomes não sejam lembrados futuramente junto ao de Benedict Arnold".

Nas décadas seguintes, o senador Norris aprenderia a suportar os impropérios inevitáveis voltados contra uma de suas visões independentes e francas. No próprio Senado, foi chamado de bolchevista, inimigo do progresso, traidor e muito mais. Mas agora os termos contundentes de vilipêndio e deserção vindos de antigos amigos o abalavam profundamente. Certa tarde, diversos passageiros saíram de um bonde em Washington quando Norris e La Follette entraram. Sua correspondência era tomada por insultos e muitas cartas continham rascunhos que o retratavam usando o uniforme alemão e medalhas.

A imprensa de Nebraska se juntou à acusação de seu senador mais novo. "Como pode o senador Norris acreditar", perguntava o *World Herald* de Omaha (que listara na primeira página os nomes dos "Doze senadores que interromperam as ações na maior crise desde a Guerra Civil"), "como pode alguém em plena consciência acreditar que o governo americano se submeteria passivamente a estes ultrajes?".

"O medo que Norris sente do estabelecimento de uma monarquia absoluta com Wilson é grotesco", dizia o *Star* de Lincoln. "Talvez seja uma piada. Se não for, os amigos do sr. Norris deveriam tratar da saúde mental dele". E o *Bee* de Omaha achava que seu medo da autoridade presidencial "concedia pouco crédito ao bom senso do senador".

Acreditava-se em Washington que a consciência do novato do Nebraska o guiara, nas palavras de um correspondente de Washington, à sua "morte política". Ultrajada, a Assembleia Legislativa do Nebraska emitiu um comunicado expressando entusiasticamente a confiança do estado no presidente Wilson e em suas medidas.

George Norris ficou entristecido pela quase unanimidade com a qual "meu próprio povo me condenou (...) e afirmou que eu estava representando mal meu estado". Ainda que a popularidade não fosse seu critério, ele tentara durante sua carreira, como escreveria mais tarde, "fazer o que em meu coração eu acreditava ser o certo para o público em geral". Dessa maneira, relutante em "representar o povo do Nebraska se este não me quisesse", Norris tomou uma decisão dramática: abdicaria de seu cargo no Senado e se submeteria a uma eleição especial, "para deixar que meus eleitores decidam se eu os estava representando bem ou mal em Washington". Em cartas ao governador e ao presidente estadual republicano, ele insistiu na realização de uma eleição especial, concordando em obedecer ao resultado e a abdicar de quaisquer direitos constitucionais que o protegessem de uma revogação do cargo.

Compartilhando o temor de seus abismados amigos no Senado de que a histeria e a oposição bem financiada pudessem garantir sua derrota, o que por sua vez seria interpretado como uma ordem de guerra, ele ainda assim reafirmou em sua carta ao governador "não desejar representar o povo de Nebraska se minha conduta oficial for contrária às suas vontades".

> As críticas que recebi (...) indicam para mim que há uma forte probabilidade de que o curso de ação que tomei foi insatisfatório ao povo que represento, parecendo justo, portanto, que o tema seja submetido à decisão deste. (...)
>
> (...) Não hei, entretanto, mesmo em nome de um eleitorado unânime, violar meu juramento de cargo votando a favor de uma proposta que significa a renúncia por parte do Congresso de seu direito único de declarar guerra (...) Se meu voto contraria as vontades do povo do Nebraska, então eu devo deixar o cargo, e outra pessoa deve ser escolhida para ocupá-lo (...) No entanto, tenho tanta convicção na integridade de minha decisão que acredito que se os cidadãos inteligentes e patriotas do estado tiverem ao menos a oportunidade de ouvir ambos os lados da questão, todo o dinheiro na cristandade e todo o maquinário político que a fortuna pode juntar não serão o bastante para derrotar o princípio de governabilidade pelos quais nossos antepassados lutaram... Se estiver errado, não somente teria o dever de me retirar, como desejaria fazê-lo. Não tenho a menor intenção de manter um cargo público se esperam que eu siga obedientemente, em minhas ações públicas,

> o que dita uma combinação de jornais (...) ou que dê meu aval a tudo, mesmo que seja para o presidente dos Estados Unidos.

O senador, anunciando uma reunião aberta em Lincoln para explicar sua posição, foi amplamente ignorado pela imprensa no caminho para casa. Tentando fazer com que o líder nacional do Partido Republicano atuasse como presidente da reunião, ele foi avisado por aquele distinto cavalheiro de que "tal reunião não poderia acontecer sem eventuais tumultos. Acredito que a reunião será interrompida ou então que o senhor terá pela frente um público tão hostil que não conseguirá fazer um discurso coerente". Um dos poucos amigos que entraram em contato com Norris pediu para que ele cancelasse a reunião alegando motivos de saúde, acrescentando que ele cometera um triste erro ao voltar ao Nebraska quando os nervos de todos estavam à flor da pele. Outros previram a presença de agitadores espalhados pela audiência para impossibilitar que Norris apresentasse seus argumentos e disseram ao senador que o torpedeamento de três outros navios mercantes americanos desde a obstrução havia intensificado a ira de seus eleitores. "Não consigo me lembrar de um dia em minha vida", escreveu o senador em sua biografia, "em que tenha sofrido tanto com um sentimento solitário de desânimo. Meus amigos me fizeram acreditar que o povo do Nebraska estava praticamente todo contra mim".

Mesmo sem conseguir que nem um amigo ou apoiador atuasse como mediador, Norris continuou disposto a levar a reunião adiante. "Eu aluguei o salão", contou a um repórter solitário em seu quarto de hotel deserto, "e será a minha reunião. Não peço a ninguém que apoie a mim ou aos meus atos. Mas não tenho nada por que me desculpar ou voltar atrás".

Caminhando do hotel para o auditório da cidade numa bela noite de primavera, Norris percebeu, aflito, que mais de 3 mil pessoas — os descontentes, os céticos e os curiosos — preenchiam o auditório, com muitas delas de pé pelas alas ou do lado de fora, na rua. Tranquilo, mas tremendo, ele subiu ao palco e parou por um momento sem nada dizer, uma figura solitária num terno preto folgado e uma pequena gravata de cordão. "Eu esperava por um público hostil", escreveu ele, "e foi com certo medo que dei um passo à frente. Quando entrei pelos fundos do auditório e subi ao palco, fez-se um silêncio fúnebre. Não se ouviu um só aplauso. Mas não era mesmo o que eu esperava; e fiquei feliz por não ter sido vaiado".

Em seu modo simples, calmo e ao mesmo tempo intenso, o senador Norris começou com uma frase singela: "Voltei para casa para lhes dizer a verdade".

> No mesmo instante ouviram-se aplausos de todas as partes do público. Nunca em toda a vida os aplausos me fizeram tão bem quanto naquela ocasião (...) Havia, nos corações das pessoas comuns, uma crença de que por trás da enganação e da deturpação, do poder político e da influência, existia algo de artificial em toda aquela propaganda.

Não houve violência, nem tampouco interrupções; e o enorme público aplaudia energicamente à medida que Norris atacava seus críticos. Sua linguagem seca, simples, mas persistente, e a tranquilidade de sua ira cativaram a audiência, enquanto o senador insistia que os jornais não davam aos leitores os fatos e que, apesar dos avisos para que se mantivesse na surdina até que seu papel na obstrução fosse esquecido, ele queria que fosse lembrado. Mais de metade do público que o vaiara em Nova York vestia trajes de gala, recordou ele com sarcasmo, questionando quantos deles estavam dispostos a lutar ou a enviar seus filhos.

> Obviamente, se pudéssemos transformar poodles em soldados aquele público nos daria um regimento inteiro (...) Meu colega discursou por duas horas e meia a favor do projeto de lei e foi conclamado como herói. Eu falei por uma hora e meia contra o projeto e fui chamado de traidor. Por mais que vocês digam que estou errado, por mais que tenham certeza de que eu deveria apoiar o presidente, teremos chegado ao ponto em que não

> podemos nem mesmo expressar nossas opiniões no Senado, lugar para onde somos enviados com o intuito de debater tais questões, sem que os endinheirados nos estigmatizem como traidores? Posso aceitar o castigo sem nem mesmo piscar por qualquer acusação, exceto a de traição. Em toda a língua inglesa, em todas as línguas do mundo, não há palavra mais execrável que essa.

O público, após mais de uma hora, berrou sua aprovação. Os jornais não foram convencidos com a mesma facilidade nem mostraram disposição semelhante para perdoar. "A explicação elaborada e engenhosa de Norris", dizia o *World Herald*, "é completamente sem nexo (...) uma declaração tola, que enojou as pessoas". "O senador passou pouco tempo tratando da questão como de fato deveria", disse o *State Journal*. "Ele não deveria permitir que os críticos perturbassem seu equilíbrio."

Mas o senador Norris, convidado a se apresentar diante de muitos grupos para explicar o que considerava ser o verdadeiro cerne da questão, foi aclamado por todo o estado; e depois que o governador anunciou que não pediria à assembleia que autorizasse uma eleição especial, o senador retornou a Washington mais preparado para suportar os ataques que ainda não haviam cessado.

Pelos onze anos seguintes, a fama e a fortuna políticas de George Norris se multiplicaram. Em 1928, apesar de suas diferenças contínuas com o Partido Republicano e suas administrações, o senador do Nebraska era um dos membros mais proeminentes do partido, presidente do Comitê Judiciário do Senado e potencial candidato à presidência da República. Mas o próprio Norris zombou dessa possibilidade:

> Não tenho a menor expectativa de ser nomeado candidato à presidência. Qualquer homem que tenha trilhado o caminho político que trilhei está impedido de exercer um cargo como esse (...) Tenho plena consciência de que um homem com pontos de vista como os meus jamais será nomeado à presidência.

Com um juramento, Norris rejeitou a sugestão para concorrer como vice-presidente de Herbert Hoover e atacou a plataforma da Convenção Republicana e os métodos pelos quais ela selecionara seus nomeados. Nos anos anteriores à fundação da T.V.A.[11] O senador de Nebraska foi o mais franco defensor do poder público em toda a nação; e ele acreditava que o "truste do poder monopolista" ditara a nomeação de Hoover e da plataforma republicana.

Relutante em se unir ao Partido Democrata, ao qual sempre se opusera e cuja plataforma ele acreditava ser igualmente fraca, Norris viajou pelo país fazendo campanha em prol de colegas progressistas, independentemente de partido. Mas quando as declarações do candidato democrata Al Smith, de Nova York, começaram a se alinhar com a visão de Norris, este se viu diante do problema político mais difícil de sua carreira.

George Norris era um republicano do Meio-Oeste, protestante e *dry* (a favor da Lei Seca), e Herbert Hoover também era todas estas coisas. Mas Al Smith — democrata da Tammany Hall saído das ruas de Nova York, católico, a favor da revogação da Lei Seca — não era nada assim. É claro que Smith teria pouco apoio no Nebraska, que também era republicano, do Meio-Oeste, protestante e *dry* por natureza. Poderia Norris desertar seu partido, seu estado e seus eleitores sob tais circunstâncias?

Pois foi o que ele fez. Norris sempre sustentou que "gostaria de abolir a responsabilidade partidária e substituí-la pela responsabilidade pessoal. Todo homem, ainda que represente o tipo mais rígido de republicano possível, que não acreditar no que defendo deve seguir suas convicções e votar contra mim". E assim, em 1928, Norris finalmente declarou que os progressistas

> não tinham para onde ir se não junto ao grupo de Smith (...) Devemos ser tão fiéis ao partido a ponto de colocá-lo acima do país e nos recusar a seguir o único líder que nos oferece uma fuga do controle do truste de poder? (...) Tenho a impressão de que não podemos suprimir

[11] Tennessee Valley Authority, um órgão governamental criado para estimular o crescimento de regiões economicamente atrasadas dos Estados Unidos. [N.T.]

> nossa consciência e apoiar alguém que sabemos de antemão ser contrário àquilo pelo que lutamos por tantos anos.

Mas e quanto ao ponto de vista religioso de Smith? E sua atitude em relação ao álcool?

> Na vida pública, é possível para um homem separar suas crenças religiosas de suas atividades políticas (...) Sou protestante e *dry*, mas ainda assim posso apoiar um homem católico e *wet* (contrário à Lei Seca), contanto que acredite que ele seja a favor da aplicação da lei e faça o certo no tocante a questões econômicas (...) Prefiro confiar num *wet* honesto, progressista e corajoso a confiar em políticos que professam ser *dries*, mas não fazem nem um pouco a mais para tornar a Lei Seca eficiente do que todos os traficantes de rum e contrabandistas deste país.

Suas ideias eram corajosas, mas se perderam em meio a um eleitorado indignado. À medida que seu trem atravessava o estado a caminho de Omaha, onde ele discursaria a favor de Smith numa transmissão de rádio para todo o país, amigos de longa data e líderes republicanos subiram a bordo para fazer apelos em nome de seu partido e de sua carreira. O líder da poderosa Anti-Saloon League do Nebraska[12] antes uma importante apoiadora de Norris, classificou sua visão sobre a questão do poder como um disparate. "A questão principal nesta campanha é o álcool, e Norris sabe disso. Se fizer esse discurso a favor de Smith, será o fim de sua relação com a Liga."(Quando perguntaram a Norris se concorreria à reeleição em 1930, tendo em vista declarações como aquela, ele respondeu secamente que "este tipo de coisa pode me levar a concorrer".)

[12] Uma das mais proeminentes organizações proibitivas dos Estados Unidos, surgida no fim do século XIX. Seus principais interesses eram no sentido de proibir o consumo e a comercialização do álcool. [N.T.]

O pastor da maior igreja batista em Omaha escreveu ao senador, dizendo que ele "não nos representa em absoluto, e sentimos muita vergonha da sua atitude perante o governo". Mas Norris, em sua resposta, perguntou serenamente ao pastor se ele "fizera alguma tentativa de tirar a viga de seus próprios olhos para poder enxergar com mais clareza como tirar o cisco do olho de seu irmão"[13].

Líderes republicanos da Velha Guarda haviam declarado anteriormente, pelo menos em privado, que Norris "não era republicano", acusação esta que agora faziam abertamente. Mas agora muitos dos apoiadores ferrenhos de Norris expressavam espanto diante de sua atitude. Disse um pequeno negociante de Eagle, Nebraska: "Apoiei Norris por vinte anos, mas agora chega. É um pervertido político e um resmungão, confrontando todos os governos republicanos desde Roosevelt. O senador deveria ter mais respeito por seus admiradores e não esperar que eles se aliem a um democrata *wet*". O primeiro secretário de Norris no Congresso disse aos repórteres que "repudiava radicalmente o apoio injustificável do senador ao candidato do Tammany Hall à presidência".

Um deputado que apoiara Norris para presidente na Convenção Republicana declarou à imprensa que ele "não carrega minha consciência política no bolso de seu colete. Estou profundamente entristecido em ver a posição que ele tomou. Norris deveria procurar novos amigos, e se quer buscá-los nas calçadas de Nova York, isso é um direito seu. Mas é lamentável constatar que ele usa o Partido Republicano como veículo para o poder e depois repudia seu porta-estandarte".

O editor do *Times* de Walthill escreveu: "Digo isso com tristeza, mas para mim Norris não existe mais. Do ponto de vista político, ele se perdeu na escuridão e se encontra bem distante de seus antigos companheiros progressistas".

"Para um lavrador faminto ou um *wet* sedento com pouco discernimento político", disse um procurador de Lincoln que tinha proximidade com o grupo de Norris, "pode haver uma desculpa. Mas para um estadista com a capacidade de Norris não há desculpa alguma".

[13] Paráfrase de Mateus 7:3. [N.T.]

Mas George Norris buscava ajudar o lavrador faminto mesmo que isso significasse ajudar o *wet* sedento. Indiferente diante de apelos e ataques, ele fez um poderoso discurso a favor de Smith em Omaha. O governador de Nova York, disse ele, deixara para trás os preceitos do Tammany Hall, ao passo que as técnicas empregadas pela Convenção Republicana "faria o Tammany Hall parecer uma reunião de santos". Ele estava "viajando em companhia distinta" ao apoiar o candidato do partido adversário, declarou à audiência, pois o próprio Herbert Hoover agira de maneira similar dez anos antes. Mas durante a maior parte de seu discurso se concentrou num ataque ao truste do poder, "um polvo com dedos pegajosos que impõe taxações sobre todos os lares", e sobre a recusa de Hoover a discutir tais questões: "pecar pelo silêncio quando devemos protestar transforma os homens em covardes".

No fim, Norris encerrou seu pronunciamento falando abertamente sobre a questão religiosa:

> É nosso dever como patriotas banir esta doutrina antiamericana e repreender aqueles que ergueram a tocha da intolerância. Todos os que professam qualquer fé podem se unir e levar adiante nossa obra política para proporcionar o máximo de felicidade ao nosso povo.

Em 1928, o povo de Nebraska não estava disposto a dar ouvidos ao tema da tolerância ou a um debate sobre suas implicações. Uma enxurrada de telegramas atacava Norris por seu apoio a um candidato católico *wet*. "A tempestade que se seguiu àquele pronunciamento em Omaha a favor de Smith", recordaria Norris posteriormente, "foi mais violenta que qualquer outra com a qual já me deparara. Felizmente não me faltava experiência em termos de insultos". Até mesmo sua mulher foi citada pelos jornais, alegando que não votaria nem em Smith nem em Hoover: "Não seguirei os passos de George nisto (...) Sempre fui *dry* e não votarei em Smith mesmo que George o faça". Embora o mesmo jornal democrata, o *World Herald*, de Omaha, que atacara sua defesa de princípio contra Woodrow Wilson, agora aplaudisse o senador Norris "por sua esplêndida coragem e dedicação", outros jornais de

Nebraska o acusaram de desertar seu estado em nome do Tammany Hall, na esperança de reavivar seu próprio impulso presidencial quatro anos mais tarde. Seu discurso comprometera as chances de reeleição de seu próprio colega republicano liberal, e seus companheiros republicanos insurgentes no Senado expressaram sua desaprovação diante de tal atitude. Quando o senador voltou à sua cidade, deparou-se com amigos e outros cidadãos proeminentes que lhe davam as costas, como se tivessem vontade de "arrancar meu coração e pendurá-lo numa cerca como alerta para os outros".

A vitória massacrante de Hoover, que conquistou praticamente todos os condados e comunidades do Nebraska, além do estado como um todo, irritou Norris, que declarou que Hoover vencera apoiando-se nas falsas questões da religião e da Lei Seca, quando os verdadeiros problemas eram o poder e o auxílio à agricultura. As diversas bancadas e o mecanismo político, argumentou ele, "mantiveram esta questão em foco, por mais que soubessem que era uma questão falsa, imoral e injusta".

A obstrução de George Norris ao Projeto de Lei dos Navios Armados fracassara, tanto em seu objetivo imediato de evitar a ação do presidente quanto em sua tentativa de manter a nação fora da guerra na qual mergulharia poucos meses depois. Sua campanha a favor de Al Smith também fracassara, e de maneira melancólica. Ainda assim, o senador confidenciou a um amigo anos mais tarde:

> É com bastante frequência que uma pessoa tenta algo e fracassa. Ela se sente desencorajada, mas ainda assim pode descobrir anos depois que seus esforços foram o motivo pelo qual outro alguém assumiu a causa e obteve sucesso. Tenho plena convicção de que qualquer serventia que eu possa ter tido ao progresso da civilização foi alcançada nas coisas que fracassei em realizar, e não naquelas que de fato realizei.

George Norris teve sucessos e fracassos no longo período em que atuou no serviço público, o qual se estendeu por quase meio século da vida política americana. Mas a essência do homem e de sua carreira foi expressa num discurso em homenagem a ele realizado pelo candidato democrata à presidência em setembro de 1932:

> A História pergunta:
> Esse homem teve integridade?
> Esse homem teve altruísmo?
> Esse homem teve coragem?
> Esse homem teve consistência?

Há poucos estadistas na América hoje que merecem uma resposta afirmativa tão definitiva e clara a estas quatro perguntas quanto George W. Norris.

IX

Robert A. Taft

"(...) a liberdade do indivíduo para formular
suas próprias opiniões (...)"

O *falecido senador Robert A. Taft, de Ohio, nunca foi presidente dos* Estados Unidos. Aí se encontra sua tragédia pessoal. E aí se encontra sua grandeza nacional.

A presidência foi um objetivo que Bob Taft perseguiu durante sua carreira no Senado, uma ambição que este filho de um ex-presidente sempre sonhou em alcançar. Como principal expoente da filosofia republicana por mais de uma década, o "sr. Republicano" ficou profundamente magoado pelo fracasso em três ocasiões, onde não chegou nem mesmo a ser nomeado.

Mas Robert A. Taft era também um homem que se mantinha fiel aos princípios básicos nos quais acreditava — e quando estes princípios fundamentais eram colocados em debate, nem mesmo a tentação da Casa Branca ou a possibilidade de pôr em risco sua candidatura o impediam de expor suas opiniões. Taft era um político habilidoso, mas em mais de uma ocasião optou por falar em defesa de posições que nenhum político com suas ambições teria apoiado. Era também um brilhante analista político, ciente de que o número de eleitores americanos que concordava com as doutrinas fundamentais de sua filosofia política estava fadado a ser uma minoria por toda sua vida, e que somente bajulando novos blocos de apoio — ao mesmo tempo em que evitava cuidadosamente isolar qualquer grupo que contivesse eleitores em potencial — podia ter esperança de alcançar seu objetivo. Mas ainda assim Taft ignorava os limites que sua própria análise recomendava, recusando-se a se curvar diante de qualquer grupo e a se manter em silêncio diante de qualquer questão.

Não que a carreira de Bob Taft no Senado tenha sido uma batalha constante entre princípios e popularidade, como foi a de John Quincy Adams; tampouco precisou lutar para manter sua integridade, como aconteceu a Thomas Hart Benton. Seus princípios geralmente o levavam a conclusões que um percentual considerável de seus eleitores e aliados políticos estava disposto a apoiar. Por mais que em algumas ocasiões sua conduta política tenha refletido suas ambições políticas, a popularidade não o guiava na maior parte das questões fundamentais. A Lei Taft-Hartley para as Relações de Gestão do Trabalho pode não ter angariado muitos votos na industrializada Ohio, pois aqueles que apoiavam as limitações propostas à atividade sindical já eram apoiadores de Taft, mas suscitou violentas represálias contra Taft durante a campanha senatorial de 1950 por parte dos sindicatos de Ohio, e fortaleceu a crença de que ele não poderia vencer uma eleição presidencial, fator que afetou suas chances de ser nomeado em 1952. Ao mesmo tempo, porém, ele desafiava as diretrizes da Taft-Hartley, e colocava em risco sua própria liderança no partido republicano, ao apoiar a educação, a moradia, a saúde e outras medidas de bem-estar social.

Os que se surpreenderam com este aparente afastamento de sua posição tradicional não compreenderam que o conservadorismo de Taft continha uma forte dose de pragmatismo, o que o levava a apoiar uma atividade federal intensa nas áreas que julgava mal servidas pelo sistema privado. Para Taft, não havia incoerência com a doutrina conservadora. Em sua opinião, o conservadorismo não significava irresponsabilidade. Com isso, deu novas dimensões à filosofia conservadora; ele se manteve fiel mesmo quando tal princípio atingiu seu ponto mais baixo de prestígio e poder e o conduziu de volta ao nível de responsabilidade e respeitabilidade. Taft era um líder incomum, privado dos dons da oratória e da formulação de frases de efeito, da dedicação cega às diretrizes do partido (a não ser que ele as estipulasse) e do instinto natural de um político de evitar posições e questões controversas.

Mas ele era mais que um líder político, mais que o "sr. Republicano". Era também um Taft — e por isso, era o "sr. Integridade". O avô do senador, Alphonso Taft, mudara-se para o Oeste para advogar em 1830, escrevendo ao pai que "o egoísmo e a desonestidade notórios da grande massa de homens que se encontra em Nova York são, para mim, um obstáculo sério para fixar moradia naquela cidade". E o pai do senador era William Howard Taft, que conheceu bem o significado de coragem política e de ataques políticos quando ficou ao lado do secretário do Interior, Ballinger, contra a enorme oposição de Pinchot, Roosevelt e os elementos progressistas de seu próprio partido.

Bob Taft, como descreveu seu biógrafo, "nasceu para a integridade". Era conhecido no Senado como um homem que nunca deixava de cumprir um acordo, não abria mão dos princípios republicanos que lhe eram caros e nunca recorria a trapaças políticas. Seu grande inimigo político, Harry Truman, declarou quando da morte do senador: "Não concordávamos em questões políticas, mas ele conhecia minha posição, e eu, a dele. Precisamos de homens intelectualmente honestos como o senador Taft". Os exemplos de sua sinceridade são surpreendentes e infinitos. O nativo de Ohio disse certa vez a um grupo no coração do território rural americano que a renda das fazendas estava alta demais; e disse ainda a outro grupo de agricultores que "estava cansado de ver toda aquela gente andando de Cadillac". Seu apoio a um amplo programa federal de moradias levou um colega a afirmar: "Ouvi dizer que os socialistas chegaram a Bob Taft". Ele comunicou a um importante aliado político, que guardava com carinho uma mensagem comendatória assinada por Taft, que seu secretário "enviara dúzias daquelas coisas", sem que o senador nem mesmo as visse, muito menos assinasse. E um colega lembra que Taft não rejeitava as ideias de seus amigos por meio de insinuações sutis, mas sim as rotulando fria e categoricamente de "sandices". "Ele tinha", como escreveu William S. White, "uma iluminada honestidade de propósito que era algo absolutamente revigorante num ambiente não muito dado à honestidade".

Seria um equívoco, porém, concluir que o senador Taft fosse um homem frio e ríspido em suas relações pessoais. Eu me lembro, do pouco tempo que compartilhei com ele no Senado e no Comitê Trabalhista do Senado em seus últimos meses de vida, de seu charme pessoal surpreendente e incomum e de seus modos irresistivelmente simples. Eram estas qualidades, combinadas a uma coragem inflexível por ele demonstrada durante toda a vida, e especialmente em seus últimos dias, que o uniam a seus apoiadores com laços indissolúveis.

Talvez tenha se passado pouco tempo desde nosso contato com os elementos controversos da carreira do senador Taft para que possamos avaliar sua vida de um ponto de vista histórico. Um homem capaz de manter inimigos ferrenhos assim como seguidores dedicados pode ser julgado melhor depois que muitos anos se passam, anos bastantes para permitir que os sedimentos de batalhas políticas e legislativas se assentem, de modo que consigamos analisar nossa época com maior clareza. Mas tempo suficiente já se passou desde 1946 para permitir uma visão mais distanciada do ato de bravura do senador Taft naquele ano. Diferentemente dos atos protagonizados por Daniel Webster ou Edmund Ross, este não mudou o curso da história. Diferentemente dos atos de John Quincy Adams ou de Thomas Benton, o de Taft não causou sua saída do Senado. Diferentemente da maioria dos atos de coragem descritos anteriormente, este nem mesmo ocorreu no Senado. Mas como exemplo de integridade absoluta, numa época em que a integridade estava fora de moda, como um apelo corajoso por justiça numa época de intolerância e hostilidade, tal ato vale a pena ser lembrado aqui.

Em outubro de 1946, o senador Robert A. Taft de Ohio era o principal porta-voz dos republicanos em Washington, defensor de seu partido na arena política nacional e provável nomeado republicano à eleição presidencial de 1948. Naqueles tempos, até mesmo um senador conhecido por falar o que pensava teria segurado a língua, particularmente um que tinha tanto a perder como Bob Taft. O partido a que dedicara toda sua vida, os republicanos do Congresso em nome dos quais falava, mais uma vez se aproximava do sucesso nas eleições de outono. Conquistar o controle de ambas as câmaras do Congresso para seu partido aumentaria o prestígio de Taft, reforçaria seu direito à nomeação como candidato republicano à presidência e pavimentaria a estrada para seu retorno triunfante à Casa Branca, de onde seu pai fora removido de maneira um tanto quanto inglória em 1912. Ao menos assim parecia aos observadores políticos da época, que presumiram que o líder republicano não falaria nada que pudesse provocar qualquer tipo de comoção. Com o Congresso em recesso e a maré se opondo aos democratas eleitos, parecia que o senador não precisava fazer nada além de dar as declarações de campanha habituais sobre as mesmas questões de sempre.

Mas o senador Taft estava incomodado — e quando ficava incomodado, tinha o hábito de expressar sua opinião. Seu incômodo vinha dos julgamentos dos crimes de guerra praticados pelos líderes do Eixo, em fase de conclusão na Alemanha e prestes a ter início no Japão. O Julgamento de Nuremberg, no qual onze nazistas notórios foram considerados culpados sob uma acusação minuciosamente documentada de "promover uma guerra agressiva", atingira enorme popularidade em todo o mundo, particularmente nos Estados Unidos. Igualmente popular foi a sentença anunciada pela alta corte: a morte.

Mas que tipo de julgamento foi este? "Não importa quantos livros sejam escritos ou quantos relatórios sejam feitos", escreveu recentemente o juiz da Suprema Corte, William O. Douglas, "não importa o quanto os advogados o tenham analisado, o crime pelo qual os nazistas foram julgados nunca foram formalizados como crimes de acordo com o rigor exigido por nossas normas legais, nem tampouco considerados tão graves pela comunidade internacional para que fossem punidos com a aplicação da pena de morte. Pelas nossas normas, o crime foi exposto a uma lei *ex post facto*. Goering e os demais mereciam uma punição severa. Mas sua culpa não justificava a substituição do princípio pela força".

Tais conclusões vão ao encontro do que pensam, acredito eu, muitos cidadãos americanos hoje em dia. E ao que pensava, pelo menos em privado, um bom número de pessoas em 1946. Mas nenhum político que pensasse nas consequências exporia sua opinião — certamente não após o veredito ser anunciado e os preparativos para as execuções estarem em andamento – nenhum, a não ser o senador Taft.

A Constituição dos Estados Unidos era o evangelho que guiava as decisões políticas do senador de Ohio. Aquela era sua fonte, sua arma e sua salvação. E se a Constituição vetava leis *ex post facto*, Bob Taft aceitava tal preceito como algo definitivamente sensato e aplicável universalmente. A Constituição não era uma coletânea de normas políticas aleatórias sujeita a uma ampla interpretação. Nem tampouco era uma lista de banalidades agradáveis, que podia ser colocada sutilmente de lado quando fosse conveniente. Ela era a base do sistema de lei e justiça americano, e Taft sentia-se indignado em pensar que seu país pudesse descartar tais preceitos constitucionais de modo a punir um inimigo derrotado.

Mas ainda assim, por que deveria se pronunciar? Em nenhum momento o Julgamento de Nuremberg foi submetido à apreciação do Congresso. O tema tampouco apresentava qualquer relevância à campanha. Republicanos e democratas não tinham uma posição oficial acerca de uma decisão aplaudida com entusiasmo por todo o país. E nenhum discurso feito por um senador dos Estados Unidos, por mais veemente que fosse, podia evitar que a pena de morte fosse aplicada. Expor suas opiniões desnecessariamente sobre o tema teria um custo político e seria completamente inútil.

Mas Bob Taft o fez.

No dia 6 de outubro de 1946, o senador Taft se apresentou diante de uma conferência sobre nossa herança anglo-americana, promovida pelo Kenyon College, em Ohio. Ninguém esperava que os palestrantes tocassem no tema do julgamento dos crimes de guerra. Mas intitulando seu discurso de "Igualdade de justiça perante a Lei", Taft deixou de lado sua relutância habitual em utilizar abordagens surpreendentemente estranhas e dramáticas. "O julgamento dos vencidos pelos vencedores", disse a uma plateia atenta e ao mesmo tempo um tanto surpresa, "jamais será imparcial, independentemente de como seja limitado pelas formas da justiça".

> Gostaria de questionar se o enforcamento daqueles que, por mais detestáveis que sejam, foram os líderes do povo alemão, pode desencorajar que guerras de agressão aconteçam, pois ninguém promove uma guerra agressiva se não espera vencer. Há em todo esse julgamento

> um espírito de vingança, e a vingança raramente significa justiça. O enforcamento de onze homens condenados será uma mancha na história americana, da qual nos arrependeremos por muito tempo. (...)
>
> (...) Aceitamos nesse julgamento a ideia russa do propósito dos julgamentos — uma medida política, não justiça — que pouco tem em comum com nossa herança anglo-saxônica. Ao travestirmos tais medidas como procedimentos legais, podemos desconsiderar a ideia de justiça na Europa pelos próximos anos. Em última análise, mesmo ao fim de uma guerra tenebrosa, podemos olhar para o futuro com mais esperança se até mesmo nossos inimigos acreditarem que foram tratados com justiça segundo o conceito de lei da língua inglesa, na provisão de auxílio e na evacuação final do território.

Em dez dias os líderes nazistas seriam enforcados. Mas Bob Taft, falando num tom frio e casual, lamentou aquela sentença e sugeriu que um exílio involuntário — como o imposto a Napoleão — seria uma punição mais sensata. Mais lamentável ainda, disse ele, eram os julgamentos em si, que "violavam o princípio fundamental da justiça americana, que dizia que nenhum homem podia ser julgado por um estatuto *ex post facto*". Nuremberg, insistiu o senador de Ohio, era uma mancha na história constitucional americana e um sério desvio de nossa herança anglo-saxônica que primava por um tratamento justo e igual, uma herança que fizera nosso país ser respeitado em todo o mundo. "Não podemos nem mesmo ensinar ao nosso próprio povo os princípios sólidos da liberdade e da justiça", concluiu. "Não podemos ensinar a eles sobre o governo na Alemanha suprimindo a liberdade e a justiça. Na minha opinião, os povos de língua inglesa têm uma grande responsabilidade: restaurar nas mentes dos homens a dedicação à igualdade da justiça perante a lei".

O discurso explodiu em meio a uma campanha eleitoral acalorada; e em toda a nação os candidatos republicanos tiveram de correr em busca de abrigo enquanto os democratas aproveitavam a oportunidade para avançar. Muitas e muitas pessoas ficaram indignadas com as observações de Taft. Aqueles que combateram, ou as mulheres cujos homens combateram e possivelmente morreram para derrotar os agressores alemães viram com desprezo aquelas belas frases proferidas por um político que jamais estivera numa batalha. Aqueles cujos parentes ou antigos compatriotas se encontravam entre os judeus, os poloneses, os tchecos e grupos de outras nacionalidades aterrorizados por Hitler e seus soldados ficaram atônitos. As lembranças das câmaras de gás em Buchenwald e em outros campos de concentração, as histórias sobre horrendas atrocidades revividas com outros exemplos em Nuremberg e a angústia e o sofrimento que cada nova lista de baixas militares levara a milhares de casas americanas — estas eram algumas das influências imensuráveis que levaram muitos a reagir com dor e indignação quando um senador dos Estados Unidos lamentou o julgamento e a sentença daqueles homens meramente "detestáveis".

Em Nova York, o estado mais importante em qualquer corrida presidencial e onde a política era particularmente sensível às visões de vários grupos formados por minorias e pessoas de outras nacionalidades, os democratas ficaram felizes e os republicanos furiosos e sorumbáticos. O republicano nomeado como candidato a presidente em 1944, grande rival de Taft no controle do partido e nomeado em 1948 governador de Nova York, Thomas E. Dewey, declarou que os vereditos eram corretos; e em outra declaração, apoiada pelo nomeado republicano ao Senado por Nova York, Irving Ives, Dewey afirmou: "Os réus tiveram um julgamento justo e longo. *Ninguém* pode sentir pena desses líderes nazistas, que tanta agonia levaram ao mundo". O Diretor de Campanha Estadual Democrata em Nova York desafiou Taft "a aparecer neste estado e repetir seu apelo em nome das vidas dos criminosos de guerra nazistas".

> O Partido Democrata tem o perfeito direito de questionar se o público deseja o tipo de governo nacional ou estadual defendido pelo senador Taft, que indicou que as vidas dos nazistas condenados deveriam ser poupadas

> e que pode muito bem estar preparando a estrada para uma campanha de propaganda republicana para reduzir as sentenças de morte dos assassinos nazistas.

O candidato congressional republicano de Nova York, Jacob K. Javits, enviou um telegrama a Taft classificando sua declaração como "um desserviço a todos por quem lutamos e à causa da paz no futuro". O candidato democrata a senador dos Estados Unidos em Nova York expressou sua surpresa profunda diante da declaração de Taft e a certeza de que ela seria repudiada pelos "americanos com discernimento e imparciais". E o candidato democrata a governador disse a suas plateias que se o senador Taft tivesse visto as vítimas dos campos de concentração nazistas, jamais conseguiria dar uma declaração como aquela.

Até mesmo na capital, onde Taft era bastante admirado, e sua franqueza brusca era mais ou menos esperada, a reação não foi diferente. Os líderes do Partido Republicano se recusaram a comentar o caso oficialmente, mas expressaram em privado o temor pelas consequências que seus candidatos ao Congresso poderiam sofrer. Numa coletiva de imprensa, o presidente do Comitê de Campanha Congressional Republicano se recusou a comentar o assunto, afirmando ter "suas próprias opiniões" sobre o Julgamento de Nuremberg, mas que não "desejava entrar numa controvérsia com o senador Taft".

Os democratas, no entanto, ficaram radiantes — ainda que disfarçassem sua alegria por trás de uma fachada de indignação e surpresa. Em sua coletiva de imprensa semanal, o presidente Truman sugeriu com um sorriso nos lábios que ficaria feliz de ver o senador Taft e o governador Dewey brigarem para se entender. Líder da maioria democrata no Senado (e posteriormente vice-presidente), Albert Barkely, de Kentucky, disse em sua campanha a uma plateia que "o coração de Taft não bateu mais forte por causa dos sopões de 1932, mas sangrava angustiado pelos criminosos em Nuremberg". Típica da reação democrata foi a declaração do senador Scott Lucas, de Illinois, que classificou o discurso de Taft como "um exemplo clássico de suas ideias confusas e sem sentido" e previu que ele "afetaria suas aspirações a uma nomeação presidencial em 1948".

> Onze milhões de veteranos que combateram na Segunda Guerra Mundial responderão ao sr. Taft... Duvido que o presidente nacional republicano permita que o senador volte a fazer discursos, agora que Taft chamou o julgamento de "uma mancha na história americana..." O povo americano e a história discordam desta afirmação... O senador Taft, quer ele acredite quer não, estava defendendo os réus que foram responsáveis pelo assassinato de 10 milhões de pessoas.

Até mesmo em Ohio, sede de operações de Taft, onde seu constitucionalismo extremo lhe rendera imensa popularidade, seu discurso provocou raiva, confusão e repercussões políticas. O candidato republicano a senador, o ex-governador John Bricker, não era apenas um grande aliado de Taft, mas também concorrera na campanha de 1944 como vice-presidente do governador Dewey. Seu adversário democrata, o senador James Huffman, desafiou Bricker a apoiar tanto Taft quanto Dewey, declarando:

> Um país que sofreu com o flagelo da guerra moderna, perdeu mais de 300 mil de seus melhores homens e gastou mais de 300 bilhões de dólares de seus recursos devido aos atos destes criminosos condenados jamais pode achar que as sentenças que receberam foram severas demais... Este não é o momento de atenuar a punição a crimes internacionais. Sua crítica, ainda que justificável, deveria ter sido feita quando os tribunais internacionais estavam sendo montados.

O *Blade*, de Toledo, disse a seus leitores que "naquela questão, assim como em outras, o senador Taft demonstra ter uma mente brilhante, que conhece praticamente tudo e não entende praticamente nada...".

O *Plain Dealer*, de Cleveland, declarou que Taft podia "estar tecnicamente certo", mas "soltar pelo mundo o pior bando de sanguinários da história... não daria ao mundo o grande princípio que a humanidade precisa desesperadamente ver implantado: o princípio de que planejar e promover guerras de agressão é definitivamente um crime contra a humanidade".

O senador Taft ficou abatido diante da ferocidade de seus críticos — e muito incomodado quando um dos líderes nazistas inocentados, Franz von Papen, disse a entrevistadores ao ser libertado da prisão que concordava com seu discurso. Um porta-voz de Taft fez apenas um pronunciamento conciso: "Ele expôs sua opinião sobre o assunto e acredita que, se os outros querem criticá-lo, que assim seja". Mas o senador de Ohio não conseguia entender por que mesmo seu antigo apoiador, o colunista David Lawrence, classificou sua posição como nada mais que uma "falácia técnica". E deve ter se sentido particularmente chateado quando autoridades constitucionais respeitadas, como o presidente da Ordem dos Advogados Americana, o presidente de seu Comitê Executivo e outros membros importantes da advocacia lamentaram sua declaração, afirmando que os julgamentos foram feitos de acordo com a justiça internacional.

Robert Taft falara não em "defesa dos assassinos nazistas" (como acusou um líder trabalhista) e não em defesa do isolacionismo (como muitos presumiram), mas em defesa do que considerava ser os conceitos tradicionais americanos de lei e justiça. Como apóstolo do constitucionalismo estrito e como principal advogado de defesa do modo de vida e do governo conservadores, Robert Alphonso Taft não se deixou abalar pela possibilidade de causar danos à posição precária de seu partido ou a suas próprias perspectivas presidenciais. Para ele, a justiça estava em jogo e todas as outras preocupações eram banais. "Sua posição demonstra de uma vez por todas", observou um colunista na época, "a extrema teimosia, integridade e obstinação política do senador Taft".

> O fato de milhares de pessoas discordarem dele e de sua posição ser politicamente constrangedora a outros republicanos provavelmente não incomoda Taft em absoluto. Há anos o senador está habituado a formular suas próprias opiniões, embora isso possa afetar a ele ou a outras pessoas. Taft provavelmente sabia que suas

> observações seriam distorcidas e mal interpretadas e que o momento em que foram feitas provocaria uma enorme confusão na campanha em andamento. Mas é característico dele tê-las feito mesmo assim.

O furacão provocado por seu discurso acabou esmaecendo. No fim, apesar de toda a comoção, ele pareceu não ter afetado a campanha republicana em 1946, nem tampouco — pelo menos abertamente — foi um problema na tentativa de Taft de ser nomeado como candidato à presidência em 1948. Os líderes nazistas foram enforcados, e Taft e o resto do país seguiram com suas vidas. Mas hoje não nos preocupamos em saber se ele estava certo ou errado em sua crítica ao Julgamento de Nuremberg. O que merece ser destacado é o exemplo dado, por meio de seu discurso, de sua coragem e determinação em se colocar contra a opinião pública em nome de uma causa que julgava correta. Sua atitude é característica do homem que foi rotulado de reacionário, que tinha orgulho de ser um conservador e que escreveu estas definições permanentes de liberalismo e liberdade:

> O liberalismo sugere particularmente a liberdade de opinião, a libertação do dogma ortodoxo, o direito dos outros a pensarem diferente de você. Sugere uma mente livre, aberta a novas ideias e disposta à ponderação (...) (...) Quando falo em liberdade, estou falando da liberdade do indivíduo para formular suas próprias opiniões e viver sua própria vida do modo que desejar.

Este foi o credo pelo qual viveu o senador Taft e, à sua maneira, ele tentou estabelecer na América uma atmosfera na qual outras pessoas pudessem fazer o mesmo.

X

Outros exemplos de coragem política

" (...) consolo... ao desprezo da humanidade."

N*ão existe uma "lista" oficial de senadores com coragem política e* tampouco foi minha intenção sugerir uma. Pelo contrário, ao narrar *algumas* das mais incríveis e dramáticas histórias de coragem política no Senado, procurei indicar que esta é uma qualidade que pode ser encontrada em qualquer senador, em qualquer partido político e em qualquer época. Muitos outros exemplos poderiam ser mencionados para ilustrar condutas similares sob circunstâncias similares.

Outros senadores, colocando suas convicções acima de suas carreiras, romperam com seus partidos, assim como fizeram John Quincy Adams, Thomas Hart Benton, Edmund Ross, Sam Houston e George Norris. Os amigos do senador republicano Albert Beveridge, de Indiana, imploraram para que ele atenuasse suas críticas ao Projeto de Lei Tarifário Payne-Aldrich, promovido por seu partido durante a campanha para sua reeleição em 1910; mas ele se recusou a manter o silêncio. "Um partido só pode sobreviver por meio do crescimento", disse ele. "A intolerância a ideias é sua morte."

> Uma organização que depende exclusivamente da reprodução para angariar votos, com o filho que assu-

> me o lugar do pai, não é um partido político, mas sim uma máfia chinesa; não cidadãos unidos por opiniões e escrúpulos, mas sim uma tribo indígena mantida à base de sangue e preconceito.

Desiludido e desencorajado quando a oposição de segmentos influentes em seu próprio partido provocou sua derrota, Beveridge fez um só comentário na manhã seguinte à eleição: "Não faz mal. Doze anos de trabalho duro e uma ficha limpa; estou satisfeito".

Muitos dos que rompem corajosamente com seus partidos encontram um lar em outras organizações. Mas àqueles que rompem com suas regiões, como descobriram os senadores Benton e Houston, é mais provável que o fim de suas carreiras políticas seja definitivo e mais desagradável. Na véspera da Convenção Democrata de 1924, os assessores do senador Oscar W. Underwood, do Alabama — candidato à presidência em 1912, ex-líder democrata tanto na Câmara quanto no Senado, autor do famoso projeto de lei tarifário que carregava seu nome e possível futuro presidente —, insistiram para que ele não dissesse nada que pudesse ofender o Ku Klux Klan — então uma força em ascensão, particularmente na política do Sul. Mas o senador Underwood, convicto de que o Klan ia de encontro a todos os princípios da democracia jeffersoniana nos quais ele acreditava, criticou-o abertamente, insistiu que aquela era a principal questão sobre a qual o partido deveria tomar uma posição forte e lutou incessantemente, mas em vão, para incluir um artigo anti-Klan na plataforma do partido. A delegação da Luisiana e outros sulistas o repudiaram publicamente e daquele momento em diante suas chances de chegar à presidência se tornaram nulas. Não conseguiu nem mesmo ser reeleito ao Senado, como escreveu Frank Kent:

> Por nenhum outro motivo que não a sinceridade e a honestidade de seus pronunciamentos políticos... A oposição a ele no Alabama, devido à força e à franqueza de suas convicções, chegou ao ponto em que sua nomeação simplesmente se tornou inviável sem o tipo de luta que o senador não estava disposto a travar... Caso Underwood tivesse entrado no jogo no Alabama de acordo com a

habitual regra política de parecer dizer algo sem de fato fazê-lo, não teria encontrado uma oposição real à sua permanência no Senado pelo resto da vida.

Naqueles dias tumultuados que antecederam à Guerra Civil, uma grande coragem em oposição às pressões regionais — maior talvez que a de Webster, Benton e Houston — foi demonstrada pelo senador Andrew Johnson, do Tennessee, o lutador audaz, ainda que pouco diplomático, que em 1868 foi salvo de uma expulsão humilhante da Casa Branca pelo voto do desafortunado Edmund Ross. Quando a União começou a se cindir em 1860, Benton e Houston já não estavam mais no Senado e apenas Andrew Johnson, sozinho entre os sulistas, falava em nome da União. Quando voltava para casa no Tennessee para manter seu Estado na União, seu trem parou em Lynchburg, na Virginia, e uma multidão enfurecida arrancou o senador do vagão, atacando-o e insultando-o, decidiram não linchá-lo somente no último minuto, quando, já com o pescoço de Johnson na corda, concordaram que enforcá-lo deveria ser um privilégio de seus vizinhos do Tennessee. Johnson foi vaiado, apupado e humilhado por todo seu estado. Os líderes confederados receberam garantias de que "seu poder acabara e daqui para a frente só restará o cheiro fétido do traidor". Sem saber da ameaça de morte, Andrew Johnson excursionou pelo estado, tentando em vão virar o jogo contra a secessão, até finalmente se tornar o único senador do Sul que se recusou a fazer seu estado deixar a União. Na viagem de volta a Washington, recebido por um público animado na estação em Cincinnati, ele declarou com orgulho: "Sou um cidadão do Sul e do estado do Tennessee... Mas sou também um cidadão dos Estados Unidos".

John Quincy Adams não foi o único senador a corajosamente entregar o cargo por uma questão de princípio. Quando a popularidade pessoal e política de Andrew Johnson atraiu um enorme apoio à medida, há muito tempo pendente, do senador Benton para expurgar do *Diário do Senado* a resolução que censurava Jackson por suas ações não autorizadas contra o Banco dos Estados Unidos, o senador John Tyler, da Virginia, convencido de que a mutilação do *Diário* era inconstitucional e indigna do Senado, defendeu sua posição. Mas a Assembleia Legislativa da Virginia, dominada pelos amigos de Jackson e pelos rivais de Tyler, e influenciada pelo sentimento de que o presidente merecia se aposentar sem aquela mancha permanente em seu histórico, instruiu seus senadores a apoiar a resolução a favor do expurgo.

Percebendo que sua saída do Senado daria aos jacksonianos mais força em questões muito mais importantes, e que sua própria carreira política, à qual já fora prometida a nomeação como candidato a vice-presidente, seria, ao menos temporariamente, interrompida, John Tyler corajosamente seguiu sua consciência e escreveu à Assembleia estas palavras memoráveis:

> Não posso e não vou permitir a mim mesmo continuar no Senado por um só minuto além do tempo depois que os órgãos autorizados do povo da Virginia me informarem que meus serviços não são mais aceitáveis. (...)
>
> (...) Mas não ouso tocar no *Diário do Senado*. A Constituição proíbe. Em meio a todas as agitações do partido, até o presente momento guiei minhas ações por meio deste instrumento sagrado. O homem de hoje dá espaço ao homem de amanhã e os ídolos que um venera, o outro destrói. O único objeto de minha veneração política há de ser a Constituição do meu país..."
>
> (...) Levarei em meu retiro os princípios que trouxe comigo para a vida pública, e, ao entregar a alta posição à qual fui convocado pela voz do povo da Virginia, hei de dar um exemplo aos meus filhos, que lhes ensinará a enxergar como se não fosse nada qualquer posição ou cargo que tenha de ser alcançado ou mantido ao custo do sacrifício da honra. (...)

Numa das primeiras demonstrações fabulosas de coragem política no Senado, o pitoresco e turbulento senador Humphrey Marshall, de Kentucky, escolheu, em 1795, encerrar sua carreira no Senado apoiando o presidente na aprovação do impopular Tratado de Jay com a Grã-Bretanha. Por mais que até os federalistas de Kentucky tenham achado necessário confrontar o presidente Wilson neste caso, Marshall disse bruscamente a seus eleitores:

> Considerando as objeções a este tratado, sinto frequentemente a vontade de exclamar: Ah! Homens parciais! Amigos da anarquia! Inimigos e deformadores do Governo Federal! Como sois espalhafatosos em vossos clamores e ofensas, e como parecem destituídos de bom senso e discernimento todos os vossos argumentos!

Viajando pelo estado para defender seu voto, Marshall foi evitado e apedrejado. Numa ocasião, tarde da noite, um grupo o arrancou de casa com a intenção declarada de afundar sua cabeça num rio próximo. À beira da água, o senador dos Estados Unidos, com enorme tranquilidade e humor, declarou à turba enfurecida:

> Meus amigos, tudo isto é irregular. Segundo o rito da imersão praticado pela boa e velha Igreja batista, é norma pedir ao candidato que relate sua experiência antes da realização do batismo. Agora, de acordo com as regras e os precedentes estabelecidos, gostaria de narrar minha experiência antes que procedam com minha imersão.

Surpreso e entretido, o grupo de desordeiros — poucos dos quais sabiam o que era o Tratado de Jay, embora todos estivessem convencidos de que Marshall os traíra ao apoiá-lo — colocou o senador sobre um toco de árvore e exigiu que explicasse sua posição. Recorrendo ao mesmo tom bem-humorado, o senador começou falando de seu trabalho e concluiu atacando acidamente todos seus inimigos, incluindo aqueles prostrados envergonhadamente à sua frente e os quais ele descreveria mais tarde como

> criaturas pobres e ignorantes, provenientes das margens do rio com o intuito bastante honroso de me afogar por emitir uma opinião independente. Dentre este grupo

> de patriotas, o velho John Byrnes, o açougueiro bêbado, era um dos mais respeitáveis.

O senador novato de Kentucky não foi "imerso"; mas sua língua afiada não impediu sua retirada involuntária do Senado.

Obviamente, os atos de coragem política não se restringem ao Senado dos Estados Unidos e também foram realizados com o mesmo valor e vigor por deputados, presidentes, governadores e até mesmo por cidadãos com ambições políticas. Um ou dois exemplos de cada são o suficiente para demonstrar que nem o Senado e nem Washington, D.C., monopolizaram esta qualidade.

Muitos anos antes de sua eleição ao Senado, John C. Calhoun, da Carolina do Sul, demonstrou sua enorme coragem enquanto membro da Câmara dos Representantes. Em 1816, quando o Congresso aumentou seu próprio salário de seis dólares por dia para 1.500 dólares por ano, uma enxurrada de críticas subitamente tomou conta do país e de membros de todos os partidos. Relativamente, foram poucos os membros que ousaram concorrer à reeleição. Clay mal conseguiu evitar a derrota após fazer a campanha mais intensa de sua carreira. Os apoiadores mais fiéis de Calhoun imploraram ao jovem deputado que emitisse uma declaração pública prometendo votar contra o projeto de lei se os eleitores o perdoassem e o reelegessem. Mas Calhoun, que certa vez disse a um amigo: "Quando tomo uma decisão, homem algum consegue me fazer desistir dela", não cedeu. Pelo contrário, sugeriu que talvez 1.500 dólares fossem até pouco.

Voltando ao Congresso depois de ser absolvido pelo apoio que recebeu (ainda que a maioria de seus antigos colegas da Carolina do Sul tenha sido derrotada na reeleição), ele se viu praticamente sozinho na Câmara, enquanto seus membros, tanto os novos quanto os antigos, se atropelavam para criticar o projeto. Mas não Calhoun:

> Esta casa é livre para decidir esta questão segundo o que dita seu bom senso. Estamos fadados em todos os casos a fazer o que é popular? Terá o povo deste país

> arrancado o poder de deliberação deste órgão? Gostaria que os cavalheiros apontassem a hora e o local onde o povo se reuniu e deliberou sobre este tema. Ah, não! Eles não têm instrução escrita ou verbal. A lei é impopular e eles estão prestes a reprová-la, mesmo que isso vá de encontro à sua consciência e ao bom senso. Se isso for verdade, como podem os erros políticos, uma vez prevalecendo, serem corrigidos?

O presidente dos Estados Unidos não é exposto aos mesmos testes de coragem que um senador. Seu eleitorado não é regional, suas perdas em popularidade com um grupo ou região podem ser compensadas na mesma questão com ganhos em outros grupos, e seu poder e prestígio normalmente lhe dão uma segurança política maior do que a de qualquer senador, mas um exemplo demonstra que até o presidente sente a pressão de interesses eleitorais e de grupos específicos.

O presidente George Washington defendeu o Tratado de Jay com a Grã-Bretanha para evitar que nossa jovem nação entrasse numa guerra à qual não sobreviveria, apesar de saber que essa decisão seria extremamente impopular entre um povo disposto a lutar. Tom Paine disse ao presidente que ele era "desleal numa amizade privada e hipócrita em público... O mundo não saberá decidir se você é um apóstata ou um impostor; se abandonou seus bons princípios ou se nunca chegou a tê-los". Irritado, Washington exclamou: "Preferia estar no túmulo a estar na presidência"; e escreveu a Jefferson:

> Sou acusado de ser inimigo da América e submisso à influência de um país estrangeiro... e toda medida do meu governo é atacada, com termos tão exagerados e indecentes que dificilmente seriam aplicados a Nero, a um defraudador ou até mesmo a um batedor de carteiras.

Mas ele se manteve firme.

Neste livro sobre o Senado, cabe destacar um exemplo dentre os governadores que demonstraram coragem política: o daquele cujos feitos valentes na função de governador o impediram de realizar seus planos de chegar ao Senado. Depois de analisar uma pilha enorme de documentos juramentados e registros judiciais, o governador John Peter Altgeld, de Illinois, se convenceu de que um julgamento injusto e provas insuficientes haviam condenado três réus, prestes a serem enforcados, por assassinato no famoso ataque à bomba na praça Haymarket, em Chicago, em 1886. Alertado por líderes democratas de que deveria esquecer os condenados se ainda tinha planos para o Senado, Altgeld respondeu: "A ambição de ninguém tem o direito de se colocar no caminho de um simples ato de justiça"; e quando perguntado pelo presidente estadual democrata se o seu indulto de 18 mil palavras era uma "boa medida", ele rebateu: "É a medida certa".

Por esta atitude, o governador foi humilhado, excluído de cerimônias habituais como desfiles e formaturas, e atacado diariamente na imprensa com epítetos como "anarquista", "socialista", "defensor de assassinos" e "fomentador da impunidade". Derrotado em sua campanha para a reeleição em 1896, privado até do direito a um pronunciamento de despedida durante o discurso de posse de seu sucessor ("Illinois não suporta mais aquele anarquista", bufou o novo governador), John Peter Altgeld retornou à vida privada e teve uma morte tranquila seis anos depois. Ele se tornou, no título do famoso poema de Vachel Lindsay, "A águia que foi esquecida":

> Durma tranquila,... águia esquecida,...
> debaixo da pedra,
> O tempo se encarregará de ti e
> também a terra.
> Durma, ó corajoso, ó sábio
> homem, que acendeu a chama —
> Viver entre a humanidade é muito mais do que
> viver da fama,
> Viver entre a humanidade, muito, muito mais...
> do que viver da fama.

Em 1920, Charles Evans Hughes não era nem deputado e nem governador — mas era o mais proeminente advogado do país, ex-governador, candidato a juiz da Suprema Corte e a presidente, e sempre considerado para posições no serviço público. (Em pouco tempo se tornaria Secretário de Estado e Chefe de Justiça.) Mas quando cinco socialistas — devidamente eleitos como membros de um partido legalmente reconhecido — tiveram seus assentos arbitrariamente negados numa assembleia no estado de Nova York, devido em grande parte a suas opiniões impopulares, Hughes arriscou sua posição e sua popularidade e acusou a medida de ser uma violação ao direito público de escolher seus próprios representantes. Após um embate clássico na Ordem dos Advogados de Nova York, ele conseguiu que uma comissão especial fosse formada, onde atuaria como presidente, para defender os socialistas — cujas ideias ele abominava — diante da Assembleia Legislativa.

Quando teve seu direito de aparecer em pessoa negado, Hughes fez um relatório insistindo que "se a maioria pode excluir a totalidade ou uma parte da minoria por considerar suas visões políticas danosas, então o governo livre está próximo do fim". Seus argumentos aparentemente surtiram pouco efeito na Assembleia Legislativa de Nova York, que expulsou os socialistas e tornou seu partido ilegal. Muitos, porém, acreditavam que a importante intervenção de Charles Evans Hughes, quase sozinho mas nunca hesitante, e os corajosos vetos do governador Al Smith às medidas daquela assembleia para controlar o radicalismo nas escolas, foram fatores determinantes para despertar a nação.

Para encerrar nossas histórias de coragem política na América, devemos recordar um ato de coragem que precedeu a fundação desta nação e que estabeleceu um padrão a ser seguido. Na noite de 5 de março de 1770, quando um grupo agressivo e desordeiro foi recebido a tiros na State Street, em Boston, por sentinelas britânicos, John Adams, de Massachusetts, já era um líder nos protestos contra a indiferença britânica às queixas coloniais. Era também um advogado de renome na comunidade e candidato ao Tribunal Geral na eleição seguinte. Assim, mesmo que não se juntasse ao coro de indignação com que toda a cidade recebeu o "Massacre de Boston", ele teria se beneficiado com seu silêncio.

Mas este adversário militante da Coroa foi convidado a prestar seus serviços jurídicos aos soldados acusados e não hesitou em aceitar a proposta. O caso, como descreveria posteriormente em sua biografia, foi um "dos mais exaustivos e fatigantes em que trabalhei, colocando em risco uma popularidade conquistada a muito custo e levantando suspeitas e preconceitos populares que ainda não esmaeceram". Ainda assim, o homem que depois se tornaria um corajoso presidente — e pai de um senador e presidente independente — não só seguiu em frente com seu trabalho como advogado, como também inocentou seus clientes da acusação de homicídio, demonstrando a um tribunal apinhado que não havia provas de que os disparos foram mal-intencionados e não provocados:

> Quaisquer que sejam nossos desejos, nossas inclinações ou os ditames de nossas paixões, eles não podem alterar o estado dos fatos e das evidências. A lei não se curva aos desejos incertos, à imaginação e ao temperamento arbitrário dos homens. (...)
>
> (...) Senhores do Júri: estou a favor dos prisioneiros na corte; e só posso me desculpar por isso citando as palavras do Marquês de Beccaria: "Se eu puder ser o instrumento de salvação de uma vida, suas bênçãos e suas lágrimas serão consolo suficiente ao desprezo da humanidade!".

XI

O significado de coragem

Este livro tratou de coragem e política. A política entrou com as situações, a coragem nos deu o tema. A coragem, uma virtude universal, pode ser compreendida por todos nós — mas estes perfis de coragem não dissipam os mistérios da política.

Nenhum dos homens cujas histórias apareceram nas páginas anteriores oferece um quadro simples e direto de motivações e objetivos. Em todos eles, complexidades, inconsistências e dúvidas aparecem para nos atormentar. Por mais detalhado que seja nosso estudo sobre suas vidas, todos esses homens permanecem um enigma. Por mais claro que tenha sido o efeito de sua coragem, a causa é obscurecida por um véu que não podemos arrancar. Podemos enumerar com segurança os motivos, mas algo sempre parece nos escapar. Acreditamos ter a resposta nas mãos — e ainda assim ela escorre por entre os dedos.

A motivação, como nos dirá qualquer psiquiatra, é sempre algo difícil de avaliar. E é particularmente difícil de ser rastreada no mar sombrio da política. Homens que deram as costas a seus estados e regiões em nome do interesse nacional — como Daniel Webster e Sam Houston, cujas ambições a cargos superiores não eram um segredo — se expuseram às acusações de que tudo o que buscavam era satisfazer suas ambições de alcançar a presidência. Já homens que romperam com seus partidos para lutar por princípios mais amplos — como John Quincy Adams e Edmund Ross — enfrentaram a acusação de ter aceitado o cargo representando um lado, e ainda assim o desertaram num momento de crise para se juntar ao outro.

Mas após um longo estudo sobre o assunto, tenho a convicção de que nos eventos específicos descritos nos capítulos anteriores o interesse nacional, e não algum ganho particular ou político, tenha sido a força motriz para as ações daqueles cujos feitos foram aqui apresentados. Isso não significa que muitos deles não tenham procurado, ainda que raramente com sucesso, extrair vantagens do difícil caminho que escolheram trilhar. Como políticos, e certamente não é descrédito algum chamar a todos eles assim, é justificável que o tenham feito.

Obviamente, os atos de coragem descritos neste livro seriam mais inspiradores e brilhariam com o lustre tradicional da idolatria se presumíssemos que todos esses homens esqueceram completamente de si próprios em sua devoção a princípios superiores. Mas pode ser que o presidente John Adams, um dos servidores públicos mais imparciais e sábios que já tivemos, tenha se aproximado mais da verdade quando escreveu em seu *Defesa da Constituição dos Estados Unidos*: "Não é verdade que exista alguém que ame o povo mais que a si mesmo".

Se isso for verdade, o que então levou os estadistas mencionados nas páginas anteriores a agir como agiram? Não foi porque "amavam o público acima de si próprios". Pelo contrário, foi justamente por *amarem a si próprios*, porque a necessidade de cada um em manter o respeito por si próprio era mais importante que sua popularidade; porque seu desejo de conquistar ou de manter a reputação de homem íntegro e de coragem era mais forte que seu desejo de manter o cargo; porque sua consciência, seu padrão pessoal de ética, sua integridade ou moralidade, chamem como quiserem, era mais forte que a pressão da reprovação pública; porque a convicção de que o *seu* caminho era o melhor a ser tomado, e que no fim seria justificado, era maior que o medo da represália pública.

Ainda que o bem público fosse o beneficiário indireto de seu sacrifício, não foi este conceito vago e geral, mas a combinação destas pressões de amor-próprio que os levaram a tomar o curso de ação que resultou nas adversidades previamente mencionadas. Quando o político não ama nem o bem público e nem a si mesmo, ou quando seu amor-próprio é limitado e saciado pela pompa do cargo, é que o interesse público é mal servido. E é quando ele se vê com tanta estima que seu autorrespeito o faz seguir pelo caminho da coragem e do bom senso que todos se beneficiam. É nestes casos que sua convicção de seguir o caminho certo lhe permite repetir as palavras de John C. Calhoun:

> Nunca sei o que a Carolina do Sul pensa sobre uma determinada medida. Jamais a consulto. Ajo segundo meu bom senso e de acordo com a minha consciência. Se o estado aprovar, ótimo. Caso não aprove e queira colocar outra pessoa no meu lugar, estou pronto a liberar minha cadeira. Estamos quites.

Isso não quer dizer que políticos corajosos e os princípios que defendem estão sempre certos. Segundo alguns, John Quincy Adams devia ter percebido que o embargo arruinaria a Nova Inglaterra, mas pouco atingiria os britânicos. Daniel Webster, segundo seus críticos, acalmou em vão as forças escravistas, Thomas Hart Benton era um egocêntrico inflexível e pomposo, Sam Houston era ardiloso, volátil e pouco confiável. Edmund Ross, aos olhos de alguns, votara para apoiar um homem que desafiara a Constituição e desafiara o Congresso. Lucius Lamar não conseguiu compreender por que os males da inflação planejada às vezes são preferíveis à tragédia de uma depressão descontrolada. Norris e Taft, segundo dizem, foram mais motivados por um isolacionismo cego do que pelos princípios da Constituição.

Tudo isso e muito mais foi dito. Cada um de nós pode avaliar por si próprio os méritos das decisões que estes homens tomaram. Mas seria necessário resolver esta questão para que possamos admirar a coragem que demonstraram? Deveriam os homens arriscar conscientemente suas carreiras apenas por princípios que o tempo declarou serem corretos de modo que a posteridade os honre por seu valor? Acredito que não. Certamente nos Estados Unidos da América, onde um irmão briga com o outro, não julgamos a coragem de um homem sob ataque examinando a bandeira que ele defendeu.

Não é minha intenção afirmar que todos os que arriscaram suas carreiras para defender uma posição estavam certos. Na verdade, está claro que Webster, Benton e Houston não poderiam estar todos certos quanto ao Compromisso de 1850, pois cada um deles, em busca do mesmo objetivo de preservar a União, apresentou visões completamente diversas acerca da abrangente medida. Lucius Lamar, ao se recusar a entregar o cargo após violar as instruções de sua assembleia legislativa, demonstrou coragem de maneira totalmente oposta a John Tyler, que encerrou sua carreira no Senado por considerar tais instruções restritivas. Tyler, por outro lado, desprezava Adams; e Adams tinha repugnância "à índole invejosa, à ambição voraz e ao espírito maléfico de Daniel Webster". Os republicanos Norris e Taft não conseguiam concordar; nem tampouco os democratas Calhoun e Benton.

Estes homens não estavam do mesmo lado. Não estavam todos certos ou eram todos conservadores ou todos liberais. Alguns podiam estar representando os verdadeiros sentimentos da maioria silenciosa de seus eleitores em oposição aos gritos de uma minoria barulhenta; mas a maioria não estava. Alguns podiam estar defendendo realmente os interesses a longo prazo de seus estados, em oposição às ideias imediatistas e limitadas de seus eleitores; mas outros não estavam. Alguns podem ter sido puros, generosos, gentis e nobres em suas carreiras, seguindo a tradição do herói americano; mas a maioria não foi. Norris, o obstinado inflexível; Adams, o arrivista irritante; Benton, o valentão bombástico — é dessa matéria que são feitos nossos heróis políticos da vida real.

Alguns demonstraram coragem por meio de sua dedicação firme a um princípio absoluto. Outros demonstraram coragem por meio de concessões, da defesa de uma conciliação, de sua disposição a substituir o conflito pela cooperação. Este tipo de coragem tem a mesma qualidade, ainda que um calibre diferente. O sistema de governo americano não poderia funcionar se todos os homens em posições de responsabilidade abordassem cada problema, como fez John Quincy Adams, como se fossem problemas de matemática, dando pouca importância às necessidades regionais e às imperfeições humanas.

A maioria deles, apesar das diferenças, tinha muito em comum — os talentos extraordinários do orador, a inteligência do erudito, a generosidade do homem acima do partido e da região, e, acima de tudo, uma fé profunda em si próprios, em sua integridade e em suas causas.

O significado de coragem, como motivação política, é frequentemente mal interpretado. Alguns apreciam a agitação da batalha, mas não conseguem perceber as implicações de suas consequências. Alguns admiram suas virtudes em outros homens e em outros tempos, mas não conseguem compreender seu potencial na atualidade. Talvez, para deixar mais clara a importância destas histórias de coragem política, fosse conveniente dizer o que este livro não é.

Ele não foi feito para justificar a independência sem fundamento, a obstinação a todo tipo de concessão ou a aderência extremamente altiva e contumaz a uma convicção pessoal. Ele não tem a intenção de sugerir que existe, em todas as questões, um lado certo e outro errado, e que todos os senadores, exceto os patifes e idiotas, enxergarão o lado certo e o defenderão. Pelo contrário, compartilho as emoções expressas pelo primeiro-ministro Melbourne, que, irritado diante das críticas do então jovem historiador T.B. Macaulay, declarou que gostaria de ter a mesma convicção sobre qualquer coisa que Macaulay tinha em relação a tudo. E nove anos no Congresso me ensinaram a sabedoria por trás das palavras de Lincoln: "Existem poucas coisas completamente ruins ou completamente boas. Quase tudo, especialmente em medidas políticas, representa uma mistura inseparável das duas, de modo que nosso bom senso quanto à preponderância entre elas é uma exigência constante".

Este livro não tem a intenção de sugerir que a lealdade partidária e a responsabilidade partidária sejam males necessários que jamais deveriam influenciar nossas decisões. Não é sua intenção sugerir que os interesses locais de um estado ou região não devam ser legitimamente considerados em momento algum. Pelo contrário, a lealdade de um senador deve ser dividida entre o partido, o estado e a região, o país e sua consciência. Em questões partidárias, sua lealdade ao partido normalmente está no comando. Em disputas regionais, suas responsabilidades com a região provavelmente guiarão suas decisões. É nos casos nacionais, em questões de consciência que desafiam a lealdade ao partido e à região, que o teste da coragem se faz presente.

Pode ser necessário coragem para enfrentar o presidente, o partido ou o sentimento predominante de uma nação; mas, na minha opinião, nenhum destes pode ser comparado à coragem necessária para que um senador desafie a força agressiva dos eleitores que controlam seu futuro. Foi por este motivo que não incluí nesta obra as histórias dos mais famosos "insurgentes" desta nação: John Randolph, Thaddeus Stevens, Robert La Follette e todos os outros — homens íntegros e valentes, mas cujas batalhas foram travadas com a consciência de que gozavam do apoio de seus eleitores.

Para finalizar, este livro não tem a intenção de afrontar o governo democrático e a soberania popular. Os exemplos de casos em que as emoções dos eleitores condenaram injustamente um homem de princípios não são argumentos incontestáveis contra uma participação mais abrangente no processo eleitoral. As histórias de homens que fizeram algo de bom diante de calúnias cruéis por parte do público não representam uma prova de que devemos sempre ignorar o que sentem os eleitores acerca de questões nacionais. Pois como disse Winston Churchill, "a democracia é a pior forma de governo — exceto por todas as outras formas que foram tentadas de tempos em tempos". Podemos aperfeiçoar nossos processos democráticos, compreender melhor seus problemas e aumentar nosso respeito por aqueles homens íntegros que acharam necessário, de tempos em tempos, agir contra a opinião pública. Mas não podemos resolver os problemas da independência e da responsabilidade legislativas abolindo ou cerceando a democracia.

Pois a democracia significa muito mais que governo popular e maioria absoluta, muito mais que um sistema de técnicas políticas para cortejar ou enganar blocos poderosos de eleitores. Uma democracia sem George Norris — sem registro algum de consciência individual num mar de soberania popular — não é digna deste nome. A verdadeira democracia, viva, em crescimento e inspiradora, coloca sua fé no povo. A fé de que o povo não elegerá simplesmente homens que representem suas opiniões de maneira fiel e capacitada, mas também homens que exercerão seu poder consciente de discernimento. Fé de que o povo não condenará aqueles cuja dedicação a um princípio os conduza a escolhas impopulares, mas recompense a coragem, respeite a honra e reconheça o que é certo.

Estas histórias são as histórias de uma democracia como esta. Elas não existiriam caso esta nação não mantivesse sua herança de liberdade de expressão e diferença de opiniões, se não incentivasse conflitos honestos de opinião, se não encorajasse a tolerância diante de opiniões impopulares. Os cínicos podem apontar o dedo para nossa incapacidade em dar um final feliz a cada capítulo, mas tenho certeza de que estas histórias não serão vistas como alertas que prevenirão futuros atos de coragem. O sucesso político contínuo de muitos daqueles que suportaram a pressão da opinião pública e a redenção final do restante nos permite continuar acreditando no discernimento das pessoas a longo prazo.

Dessa maneira, as demonstrações de coragem no passado e a necessidade de coragem no futuro não se restringem ao Senado. As questões de coragem e consciência envolvem cada servidor público em nosso território, por mais humildes ou poderosos que sejam, e a todos por quem forem responsáveis: os eleitores, uma assembleia, um órgão político ou a organização de um partido. Envolvem também cada eleitor em nosso território — e também aqueles que não votam, aqueles que não têm interesse pelo governo, aqueles que nutrem apenas desprezo pelo político e sua carreira. Envolvem todos que já reclamaram da corrupção no alto escalão, e todos que defenderam que seus representantes obedeçam suas vontades. Pois numa democracia todo cidadão "governa", independentemente de seu interesse na política; todos nos encontramos numa posição de responsabilidade; e, em última análise, o tipo de governo que nos é oferecido depende de como exercemos essa responsabilidade. Nós, o povo, é que mandamos, e temos o tipo de liderança política, seja ela boa ou má, que exigimos e merecemos.

Tais problemas nem mesmo se restringem à política — pois as mesmas escolhas básicas entre coragem e complacência nos confrontam continuamente, seja temendo a ira dos eleitores, de amigos, de um conselho administrativo ou do nosso sindicato, seja quando nos posicionamos contra o fluxo de opinião em questões controversas. Pois sem desmerecer a coragem com que certos homens morreram, não devemos esquecer dos atos de coragem com os quais certos homens — como os retratados neste livro — *viveram*. A coragem de vida normalmente representa um espetáculo menos dramático que a coragem de um momento derradeiro; mas não deixa de ser uma esplêndida combinação de triunfo e tragédia. Um homem faz o que deve fazer — apesar das consequências pessoais, dos obstáculos, dos perigos e das pressões — e esta é a base de toda a moralidade humana.

Ser corajoso, como demonstram claramente estas histórias, não é algo que exige qualificações excepcionais, fórmulas mágicas ou combinações especiais de tempo, lugar e circunstâncias. É uma oportunidade que, cedo ou tarde, se apresenta a todos nós. A política simplesmente oferece uma arena que impõe testes especiais de coragem. Em qualquer arena da vida que alguém se deparar com o desafio da coragem, quaisquer que sejam os sacrifícios que terá de fazer caso siga sua consciência — a perda de amigos, de sua fortuna, de sua alegria e até mesmo a estima do próximo —, este alguém terá de decidir por si próprio que caminho tomar. As histórias de coragem do passado podem definir esse fator — elas podem ensinar, dar esperança e oferecer inspiração. Mas não podem fornecer a coragem em si. Para isto, cada homem deve examinar sua própria alma.

Quando, sr. Presidente, um homem torna-se membro deste órgão, ele não consegue sequer imaginar a provação à qual não poderá evitar ser submetido;

> *quanta coragem deverá ter para resistir às tentações que se apresentam diariamente;*
> *o retraimento sensível diante da censura imerecida o qual deve aprender a controlar;*
> *o confronto recorrente entre um desejo natural pela aprovação pública e um senso de dever público;*
> *o peso da injustiça que deve estar disposto a suportar, mesmo daqueles que deveriam ser seus amigos;*
> *as imputações de seus motivos;*
> *a zombaria e o sarcasmo dos ignorantes e maliciosos;*
> *todas as múltiplas ofensas que a malignidade partidária ou privada, frustrada em seus objetivos, pode lançar sobre sua cabeça desprotegida.*

Tudo isto, sr. Presidente, caso queira manter sua integridade, ele terá de aprender a suportar de maneira impassível, e seguir firme em seu caminho de dever, amparado apenas pela ideia de que o tempo há de lhe fazer justiça, ou, caso contrário, de que no fim todas suas aspirações e esperanças pessoais, e até mesmo seu nome, tenham pouca importância quando colocados na balança em relação ao bem-estar de um povo de cujo destino ele é um guardião e um defensor eleito.

SENADOR WILLIAM PITT FESSENDEN
do Maine, em discurso realizado quando da morte do senador Foot, de Vermont, em 1866, dois anos antes do voto do senador Fessenden para inocentar Andrew Johnson levar a cabo sua própria profecia.

Publisher
Omar de Souza

Gerente editorial
Mariana Rolier

Editora
Clarissa Melo

Revisão de tradução
Flávia Yucubian

Copidesque
Janilson Torres Junior

Revisão
Rachel Rimas
Luiz Werneck Maia
Elisa Zanetti

Diagramação
Julio Fado

Capa
Mika Matsuzake

Este livro foi impresso pela Exklusiva, em 2017, para a HarperCollins Brasil. A fonte usada no miolo é Electra, corpo 12. O papel do miolo é Chambril Avena 80g/m², e o da capa é cartão 250g/m².